只要好好過日子

阿飛
文·攝影

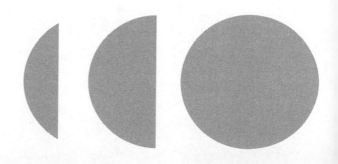

新版序

對我的寫作生涯來說，《只要好好過日子》肯定是重要的轉捩點。在這部作品之前，大眾對我的印象，停留在兩性專欄作家，透過這本書才開始與讀者分享愛情之外的生活觀點，並且因此獲得很大的迴響。讓我明白原來有那麼多人喜歡我的文字、認同我的價值觀，也對於有那麼多的人期許自己能夠好好過日子而感到開心。

當出版社詢問我是否想為《只要好好過日子》編製典藏版重新發行，我覺得也許是個適合的時機，二〇二〇年疫病在全球各地蔓延，使得我們的生活遭受巨大的衝擊，生活模式不得不因應而改變，更有不少人的經濟生計更受到嚴重影響，即使台灣疫情已趨平緩，但想恢復昔日的生活仍有一段漫長的路要走。在這不安的時局，《只要好好過日子》能夠重新再版，我當然感到難以言說的喜慰，希望也能藉由這部作品再次帶給讀者一些力量與溫暖，把生活慢慢走回正軌，那就是最值得欣喜的事了。

與編輯討論後，決定在新版的內容做了些許調整，刪除幾篇文章，然後在原有的章節「成長」、「與人之間」、「愛情」、「人生」與「夢想」之外，新增了「轉變」這個篇章，這個轉變有「轉念」與「變好」的含意，現在我們正面臨著劇烈變動的時刻，希望全新的文章能夠陪伴你走往好的方向。雖然撐得很辛苦，不過，我們可以把它看成一種改變的契機，人生本來就無常，藉由這次的轉變，讓我們重新開始，說不定因為這次的重啟，會出現另一條嶄新的道路。

往後的日子，或許依然前景未明，還會面對不同的關卡，當然也少不了糟糕的時刻。正因為日子不好過，我們更該好好過。如果連我們都不能好好對待自己，更別奢求別人願意善待，如果自己不能堅持，又怎麼有辦法等待好轉的那一刻。唯有好的觀念，才能做好的事情，做好的事情，才能慢慢形塑好的人生。沒有什麼是絕對的好壞，適合的、能進步的，並且不會傷人的，我相信就是好的觀念。

新版序

「只要好好過日子，就能期待好日子。」

這句話至今仍深深影響著我，每當低潮、混亂、困頓的時刻，便會用它來鼓勵自己，認真做好份內的事。好好照顧自己，善待身邊在乎自己的人，自然有機會可以擁有安心樂意的生活。

即使現在不好過，還是要提醒自己，一切都會過去的。重要的是，要好好照顧自己。

記得，讓自己好好過日子，就能期待好日子。

鍾文飛／阿飛

contents
目錄

新版序／日子不好過，更該好好過……02

01／成長 Grow Up……

從來都不是輕鬆的事，等到回頭一看才發現時間已錯過太多。19

接受與生俱來的缺陷——20
#每個人都有缺點，你要試著做的是，突顯自己的優點，而不是想盡辦法隱藏那些缺點。#

玩樂，才是工作的原動力——24
#常聽到長輩的訓斥：「不要老是想著玩」。但我覺得旅行與吃喝玩樂是工作的動力，想著下一次的玩樂，我們才能在兵荒馬亂的工作中繼續前行。#

面對了，向前進了，一切就會變好了——28
#只要確定自己是往前進的，這條路最後到哪裡已經不重要。當你能力累積夠了，自然會明白下一步該怎麼走。#

即使長大了，也要保有孩子氣——32
#長大，其實是很累人的。長大的我們仍需保有稚心、孩子氣的空間與時間。#

懂得看開，是一種強大的力量 —— 36
#就算你已經看透了那些虛假偽善，卻還是選擇一笑置之，這才是人心真正強大的力量。#

當藉口越來越厲害，成功也離你越來越遠 —— 40
#試著讓自己在失敗中找到做對的方法，而不是去找推諉的藉口。#

數字是用來量化事物，不是評斷一個人的標準 —— 44
#不是凡事都只有輸贏。過程中所得到的收穫，往往才是最珍貴的。#

摔一跤，也是有收穫的 —— 48
#從來都沒跌倒，只是幸運。跌倒後都能再爬起來繼續前進，那才是實力。#

想要光速的奔跑，請先慢慢走 —— 52
#想要擊出全壘打，就要持續練習揮棒。先做好小事，才有機會成就大事。#

工作的價值是自己給的 —— 56
#沒有人的工作是沒有價值的，每個角色都有它存在的目的。除非是你自己把它變得沒有價值。#

contents

目錄

02／與人之間 Relationship

需要的不是討好，而是一點點尊重就好。

與人之間 Relationship …… 61

虛心感謝酸你的人，謹慎嚴防捅你的人 —— 62

#會用言語酸你的人通常有兩種：希望你更好的人，與見不得你好的人。但真正讓人難受的，不是那些會酸你的，而是背後捅你的人。#

計較，並不會讓你得到更多 —— 66

#如果把批評別人或是與人計較的時間，用來做好自己的本份或是自我提升，我相信，你的人生一定會非常不得了。#

自以為是的正義，容易成為他人眼中的惡意 —— 70

#把別人弄臭，自己並不會變得比較香，因為你肯定也會沾到臭。#

最高段的幽默是自嘲 —— 74

#你知道嗎？你隨口說出的一句話，可能會影響別人一天的情緒，甚至是一輩子的命運。#

別人給予的好，並非天經地義 —— 78

#別人對你的好，請務必記得，因為沒有人應該要這樣做。#

微笑，是促使人與人靠近的寶物——82
#微笑是最好的化妝品，而謙虛是最好的保養品，驕傲自大當然是最糟糕的沒品。#

向人學習不該分階級與輩份——86
#無論對方的工作地位是什麼，一定有我們值得學習的地方，都必須帶著敬意去對待。#

唯有談開了，才能解開心結——90
#有些事情，不去談，就會是個結，談開了，會是一道傷。但過一陣子，它就會變成屁了。#

不做連自己都討厭的事——94
#如果可以，別做一些連自己都討厭的行為，別說一些連自己都討厭的話語。如果連你自己都討厭，別人大概會討厭八百倍吧。#

朋友不用多，一個知心的就好——98
#好朋友，不一定是先認識的或是認識最久的，也不一定是一直待在身邊的人。但，他是前一刻還在跟你吵架，下一刻會為了你被欺負而跟別人沒完沒了的人。#

善待別人，也是善待自己——102
#生活已經不輕鬆了，不要再被太多人影響心情，善待那些不喜歡的人，也是一種對自己的善待。#

家人永遠是最強而有力的後盾——106
#在外生活久了，受到委屈了，你將發現這世上最動人的聲音，就是家人的呼喚。#

contents

目錄

03／愛情 Love

聽起來很偉大，但我們要的其實很平凡。 117

單身，不過只是一種寧缺勿「爛」的選項 118
#單身的人未必是不想要，也並非沒人要。他們只是更小心、更懂得自己的能耐，除非有個人讓他認為值得再賭一把。#

受罪的愛情，不要也罷 122
#談戀愛就是要開心，不是找罪受的。只要記得這個原則就好。#

別以為自己無可取代，也別以為他可輕易被取代 126
#最傻的事情，就是明知會影響心情還犯賤去看，好不容易爬出地獄了，為什麼要再跳下去？#

不好意思，男人不擅長吵架 130
#男人不擅長吵架，但，我們最擅長的卻是讓女人忍不住想要找我們吵架。#

在找到他之前，請先照顧自己 134
#你要相信，自己都這麼努力了，終會有一個人了解並珍惜你的心意，願意和你一起努力。你現在要做的，是在那個人出現之前，好好照顧你自己。#

珍惜，才是感情能一直走下去的關鍵——138
#並不是找不到更好的了，只是我們先遇見了，彼此愛上了，然後願意珍惜了。#

心若不踏實了，請轉身離開吧！——142
#一個讓你缺乏安全感的人，即使他的條件再完美，也成就不了你生命的美好。#

別人所謂的幸福，要自己嘗過才算數——146
#每個人對於幸福的定義不一定相同，別人口中的美好不能全數套用在你身上，幸福，只有自己要的才算數。#

保有願意相信的心，才是幸福——150
#願意信任，是你最棒的優點，不該是你自責的地方。#

能夠幸福，是因為懂得知足——154
#當我們感到開心與感覺幸福的時候，往往是因為我們懂得了知足常樂的生活態度。#

當感情不再只是單方面的依靠，就是相互扶持的圓滿——158
#雖然你可以獨立，但還是請你懷抱著信心，終有一天會遇到一個你不依靠他，但你們可以相互扶持、一起努力的人。#

為愛情添加一些信任——162
#很少人會討厭愛情，但每個人都討厭不安、傷害、懷疑、等待和背叛。#

contents
目錄

為了愛而改變自己，並不是愛——166
#之所以相愛，是因為在一起很開心，但如果不開心，卻還抵死要繼續下去，若不是真愛，就是你變態。#

還沒遇見他時，先習慣一個人吧——170
#單身，從來不是罪過，也不是不幸，只是想要寧缺勿濫。你不該自卑，不用感嘆，能夠一個人也過得很好，那才是難得的智慧。#

結束一段充滿猜忌的愛情，是完美的開始——174
#面對一個讓你懷疑猜忌的人，或許結束才是一種最適當的開始。#

偶爾的關心，是找回初衷必做的事——178
#別忘了偶爾表達你的關心，我們不需要完美的情人，只要就有踏實的幸福就夠了。#

堅持陪你走到最後才是最好的——182
#我們以為的失去，往往只是一段去蕪存菁的過程。#

沒有所謂的個性不合，就只是不愛了——186
#你是因為他的優點而決定在一起，但也有跟他的缺點共度一生的準備。除了懂得欣賞他的好，也要練習忍讓他的不好。#

04／人生 Life

既然一定要走這一趟，何不選擇自在、甘願的方式？

…… 191

我們，不過就這一輩子幾十年的時間 —— 192

#開心，才是最重要的事情，選擇讓自己開心的，做讓自己開心的，或許不是最好的，但至少讓你微笑了。#

認清自己只有一雙手，能握住的有限 —— 196

#我們要學會捨去，但，如果什麼都想抓住，到最後反而什麼也留不住。#

來不及成熟，就變老了 —— 200

#變老，其實沒有想像的那麼糟，但也沒有好到值得放鞭炮。成長的過程都是這樣的吧？會失去什麼，也會得到什麼，不論幾歲都一樣。#

時間，就該揮霍在值得的人事物上 —— 204

#其實，我們沒有多餘的時間，可以浪費在糟糕的人事物身上。#

唯有你，才是自己的絆腳石 —— 208

#很多時候，你以為跨不過，其實，真正跨不過的是「自己」這一關。唯一會阻礙你好好過日子的，只有自己。#

contents
目錄

平靜地與不順遂相處——212
#如果暫時還找不到開心的理由，不妨先平靜面對現況，幸福終會自己爬上山頭讓你看到。#

因為付出而產生的價值，更值得尊重——216
#一個人的價值，應該是看他付出過什麼，而不是最後他獲得到什麼。#

理直氣壯地說「謝謝」——220
#如果能夠經常說「謝謝」，表示你是個幸運的人，經常受到很多人的幫助。#

不要妄想成為每個人心中的自己——224
#我們可以為自己改變，但沒辦法迎合每一個人，倒不如成為自己想成為的人，還比較輕鬆點。#

忍耐不是懦弱的事——228
#忍耐，聽起來似乎是悲觀的，但我覺得只有樂觀的人才能做得到。#

好好過日子，就會有好日子——232
#要相信自己，只要好好的過日子，就能期待會有好日子。#

偶爾放空，是為了富足人生——236
#偶爾也要做一些沒營養的事、聊一些沒營養的廢話，因為我們的快樂大多都是來自這些。#

別再用沒時間當藉口——240
#既然時間就是金錢，何不珍惜它，讓自己變成好野人。#

05／
夢想 Dream

之所以很遙遠，那是因為我們都只是在想而已。

245

每個驚喜的轉折都潛藏在你決定之後 —— 246
#凡事別說死，沒有嘗試，我們永遠不知道前面等待的，是希望還是狗屎。#

過多的深思熟慮，只會讓自己寸步難行 —— 250
#如果還不知道下一步該往哪走，那就先把眼前的這一步穩穩踏好。#

奔跑，是接近夢想的最好方法 —— 254
#追求夢想，絕不是等待風雨過去，而是要學會迎風向前。#

正面思考之必要 —— 258
#不要嘲諷那些勇於追夢的人，能夠發光發熱照亮我們的，就是勇敢的他們。用正面的態度去看待別人，我們才能成長。#

擁有可能卻不去實現，也只是可惜了 —— 262
#生命中有很多可能，但如果全都只是停留在可能，那就是可惜了。#

contents
目錄

別讓旁人給予的建議，成為禁錮自己的枷鎖——266
#過度考慮他人的看法，那是一種對自己的不認同，當你思考別人會怎麼想時，同時間，你也失去了自己。#

再爛的戲，身為主角的你都得演下去——270
#真實人生比戲劇還誇張，因為無論多麼荒腔走板，都要繼續下去，不能重新再來一次。#

命運不是敵人，只有自己、時間才是——274
#你奮戰的對象不是任何人也不是命運，而是你自己，還有時間。#

找到喜歡的事情，才能做得長久——278
#做你真正喜歡的事，才會做得出色、做得開心、做得長久。#

向著心中的太陽前進，影子只會落在身後——282
#為了目標奮力前進，不要因為一次的挫折便放棄，你的人生不該是「半途而廢」四個字。#

06／轉變 Metamorphosis……287

別為已經發生的事情難過太久，也別為還沒發生的事情一直擔心

日常就是一場華麗的冒險——288

#擁抱黑暗就不怕找不著光，習慣寒冷就不怕找不到火，生活並不總是盡如人意，只要相信每一次的過渡，即使過程狼狽辛苦，之後都得以安然度過。#

找到自己真正需要的，才能擁有快樂——292

#快樂是一種心境。好好對待他人，也好好善待自己，快樂便會漸漸向我們靠近了。#

在生活中練習快樂——298

#擁有健康的身體和親近的親友，再加上糟糕的記憶力，我們就能過得很快樂了。#

死亡一直離我們很近——304

#生命的價值並不在於長短，而是看我們如何運用它。有些人的生命不長，可是他所留下來的價值卻能長存永久。#

你不需要這麼強大也沒關係——308

#很多時候，你需要的是讓自己放鬆一點，讓喧鬧躁動的心安定下來。在你變強之前，偶爾逃離，偶爾試探，偶爾忐忑，那都是正常的。#

從和敬清寂之美，體會生活的態度——312

#用物質填補心靈的空洞，是永遠填補不滿的。心靈的洞，終究要靠思維與知識去豐富。有時，「多」未必是好，理解怎麼「少」才是自在。#

換個視角，心情也會跟著改變——316
#只要不和自己過不去，那些不好的事情自然會過去。#

順應情勢，才能扭轉情勢——320
#所謂的大人，就是可以為了在乎的人事物，而去接受那些難受的一切。人生重大的課題之一，不是勇往直前的衝勁，而是怎麼順應情勢調整自己。#

為人生下半場做好準備——324
#歲月未必只催人老，它也會讓我們慢慢累積，然後堆疊出更適合的自己。#

試著擁抱挫折，讓它成為自己飛高的動力——330
#不再執著是非黑白，認清有些事就是會有模糊地帶，不能只看表面的對錯，讓心的空間變大，才有餘裕看待生活。#

後　記／……… 344

成長

Grow Up

從來都不是輕鬆的事，等到回頭一看才發現時間已錯過太多。

「每個人都有缺點，
你要試著做的是，
突顯自己的優點，
而不是想盡辦法隱藏那些缺點。」

任誰都有被人嫌棄、被人冷落的時候。或許你的身高矮了一點，也許你的個性孤僻了一點，可能你的身材圓了一點，沒有人是完美的，你沒有必要討厭自己，也沒有必要讓自己難受。回頭看，身邊依舊有守護你、喜歡你的人。

很多時候，你會感到寂寞、感到難過、感到自卑，那是因為自己還不明白想要的是什麼，還沒有搞清楚自己該站在哪個位置，才會人云亦云地去追求那些不屬於你的東西。這時，你該試著做的是突顯自己的優點，而不是想盡辦法隱藏那些缺點。不要去尋找那些原本就不適合你的東西，就算掩飾得再好，還是會被看穿，不如運用強項，那是你所擁有渾然天成的防護罩。

沒有人是完美的，都會參雜著缺點，當然也會有別人看不慣的地方。不需要厭惡自己的缺點，而要感謝自己擁有缺陷，因為它可以讓我們看清楚誰才是真正對你好的人。不用忸怩作態，不必趨附迎合，只要做好自己。不用假裝、不必掩飾，對方不會嫌棄你；就算什麼都不說，對方卻早已明白你的心，有這樣的人在身邊，那是何等幸運。不管是友情或愛情都一樣。

所謂的成長，或許可以這樣解釋：「有一部分是自己對於待人接物的進步，另一部分則是對於自己有所缺陷的接受。」

我們來到這個世上，早已被賦予個人的特色與性格，有好也有壞，既然已經擁有，那麼，何不在好的部分盡量發揚光大，而將不好的部分儘可能改進，萬一真的改不了，就試著去接納它吧。很多事物都有正反兩面，有光有影，如同我們有優點也會有缺點一樣；而這世界並不會只給你讚揚而不給挫折，這社會不可能只有保護你的人而沒有攻擊你的人，於是，我們只能學著去體悟人生裡不完美中的完美，懂得在生活的不滿意中找到滿意。

團體中，總會有人喜歡挑剔別人、習慣嘲諷或攻擊別人的弱點，如果你曾遭遇到這樣的對待，不必急著隱藏自己的弱點，那樣做並不會讓對方停止，反而顯得自己作賊心虛，讓別人更有藉口對你落井下石。**最好的辦法不是隱藏與逃避，應該是去面對它，面對自己的缺陷，也讓別人接納真正的自己。不是要讓別人接受自己的不好，而是要試著讓他們明白，你還擁有其他更多的好。**

圓的軸心只有一個，團體中的核心通常也只有少數幾人，或許你覺得自己不被重視，你希望更受人歡迎，但並不是每個人都適合擔當團體裡的明星，有時只需要扮演好自己的角色就足夠。當上眾人相拱的明星，不一定比較快樂，做好稱職的自己比較實在。懂得知足就能快樂。

團體核心：一般來説，都是以排擠別人為己任，置個人廉恥於度外的厲害角色。

「常聽到長輩的訓斥：
『不要老是想著玩』。
但我覺得旅行與吃喝玩樂
是工作的動力，
想著下一次的玩樂，
我們才能在兵荒馬亂的工作中
繼續前行。」

「不要『老是』想著玩樂」，我們不能指責人家這句話說得不對。「一直」想著玩樂，然後沒有心思做事，工作效率降低，工作品質變差，這樣真的很不好。但，應該很少人會「老是」、「一直」想著玩樂的事情吧？畢竟以現在大部分企業給予員工的工作量來看，能夠有空檔起身去喝水休息一下，已是非常難得的了，真的沒那麼多時間可以讓人「一直」想著玩樂啊！

如果你經常休假去旅行，與好友死黨出去玩，或是很愛約同事去聚餐唱歌，卻不知道為什麼很容易被長輩與主管歸類成工作不認真、做事不牢靠、沒有責任感的人。可是，你在旅行、跟好友玩樂，或跟同事聚餐的時候，根本不是在工作，而是在休假，把它們跟工作表現扯在一起，一點都不公平。

也許有人會說，如果將旅行、玩樂及聚餐的時間，用來認真工作，而不是浪費在吃喝玩樂的消遣上，那麼，你的職涯肯定一飛沖天，人生鐵定展翅高飛。

老實說，我很不喜歡那些鼓吹我們成為工作狂才會獲得成功的言論。到底什

麼是成功？不一定要爬上很高的職位，不見得要賺取很多的金錢，對於成功的定義不必太狹隘，我認為只要能夠好好體會並享受生命裡每一天的美好，那就是一種成功了。

無論你是覺得工作美好，還是玩樂美好，或是週遭的一切都很美好，我們都要好好去享受生命中那些你認為的美好，不要被某些事物給侷限住。

人生應該由好幾種味道組成，工作絕不是唯一，如果只品嚐一種或幾種味道的話，那也太無趣了。既然來到這個世界，當然要盡可能地品味人生裡的千百種味道，戀愛、家庭、友情、學習、遊學、美食、休息或是旅行，有太多太多值得我們體驗的人事物了，生活可以過得更多采多姿。

工作絕不是生活的全部，旅行可以讓我們重新發現，原來自己生活的圈子是如此狹窄。

大部分的人們往往為了想辦法完成更多的工作、創造更好的績效，習慣將行程表排得密密麻麻的，用各種拜訪、會議與工作填滿自己所有的時間，生活只有工作、吃飯與睡覺三件事，極度缺乏喘息與玩樂的時間。看起來是努力工作，但長期下來，工作表現未必會比較出色，因為這樣的工作方式不僅給予自己過多的壓力，讓身心無法放鬆，也容易導致大腦的思考缺乏彈性及創意。

旅行、玩樂，絕不會是糟糕的壞事，當生活更豐富、更精彩，視野也更寬廣了，你對於工作會更加有勁，思路也會更加廣闊。

工作狂：你會懷疑他是否一停止工作就會停止呼吸的人。

「只要確定自己是往前進的，
這條路最後到哪裡已經不重要。
當你能力累積夠了，
自然會明白下一步該怎麼走。」

偶爾，你會覺得迷失了方向，不知道自己走的這條路是否正確，心中會出現「該不該換一條路」的迷惘。我也曾經這樣，任誰都會有這種煩心的時刻。後來，我才發現只要確定自己是一直往前進的，這條路的終點到哪裡已不重要。只要持續前進，路上一定會遭遇各式各種的狀況，你會學習到更扎實、更多元的經驗，當能力慢慢累積足夠了，自然會明白自己下一步該怎麼走，清楚自己接下來該做什麼。

如果你有太多事情要處理，有太多選項可以選擇，不確定自己現在做的是不是對的，不知道自己到底該做什麼樣的決定；這種時候，更要讓自己抱持平常心，不要焦急、不要煩惱，只要專注處理眼前的事情，一一地好好處理。只要鎖定現在想做的事，依自己的意願好好抉擇，很多事並沒有想像中那麼複雜，只是它們有時會一次湧進，才讓你亂了手腳。只要一步一步前進，一個一個選擇，曾經迷惘的道路終會豁然開朗。

我們都曾經清楚自己想要什麼，捧著各自的夢想，只是有些人從不認為它會成真，所以始終沒有為夢想而努力過。有些人為了目標一直拼命，卻忙碌到忘了自己曾有過夢想。我們都會有迷惘的時候，都會有以為能走的路卻突然不能再走下去的時候，我們能做的，就是提醒自己努力的初衷，這樣才不會在疲於奔命的忙碌中迷失了自我。

當不知所措了，猶豫不決了，我們應該向外尋求協助，沒什麼好丟臉的。有讀者詢問我，那也是看得起我、相信我才願意將自身的困擾告訴我。我的文字或是回覆會對一個人有所幫助，絕不是我寫得好，也不一定是正確的答案，而是你本來就具有正確的心態。如果你沒有認真生活、正向積極與反省自我的態度，任誰都幫不了你，能夠幫助你的人終究是你自己。

別人可以告訴你出口在哪裡，但是，決定要不要走出去的人終究還是自己。

我們難免都會有擔心、害怕的時刻，但你其實比自己想像得還要有能力、還要堅強、還要有擔當。面對了，向前進了，一切就會慢慢變好了。

迷路：通常都是自以為認得路或死要面子不願問路的人才會發生，反而是自覺缺乏方向感的人會做好準備。

「長大，其實是很累人的。
長大的我們仍需保有稚心、
孩子氣的空間與時間。」

成熟的代價，就是有時不得不變成自己小時候討厭的大人。

我們都一樣。小時候，希望趕快長大，不必再讓長輩們管束著，不必再讓父母照顧著，可以做自己想做的事，可以賺錢買想要的東西，那時感覺長大後的獨立自主是一件帥氣的事。長大後，卻發現長大根本不是小時候想像的那一回事，我們未必能做自己想做的事，賺的錢也根本不夠買自己想要的東西，甚至偶爾還是會讓父母長輩們擔心。大人們的獨立自主，多數是被環境所逼，心底裡其實也是希望有人可以依賴、可以傾訴的。

很多時候，我們被迫要讓自己學會在人前裝腔作勢、虛情假意，他們說，那是做人的道理，可是你老是搞不懂這樣虛假究竟是怎麼樣的道理。但，如果不在人前戴上假意的面具，你知道自己將會被週遭的人攻擊與排擠，你明白自己受不了那樣的對待，於是逐漸變成自己小時候討厭的那種人，不得不的自我保護。這才發現「成熟」原來是那麼累人，在裝模作樣的人際關係中浮沈掙扎，光是能平靜過日子已經是何其幸福的事。

不要因為眼前的現實，而讓自己變得越來越冷漠；也不要因為別人的冷漠，而讓自己變得越來越現實。或許，我們需要呼喊出埋在內心深處的孩子氣，在這防護罩裡好好地休息放鬆，讓自己暫時遠離那些世態炎涼、惺惺作態，以找回原來的自己，才能回復原有的力量與精神，再去迎接現實與未來的挑戰。

偶爾的孩子氣是道德的，我們沒有必要事事都嚴肅以對，沒有必要時時都成熟相待，要給自己喘口氣的空間。**你終究會明白，最快樂的心情是童心，最美好的生活是簡單，最適合的對待是真誠，最強大的反擊是平靜。**

總有不好的事會發生，總有不好的人來傷害，不要讓不好的情緒毀了你一天、一陣子，甚至一輩子。不妨試著拾起孩童時期的單純與童心，樂觀看待眼前發生的一切，生命看似很長，但時間過得很快，別把時間浪費在不值得的事情上。

所謂的快樂，不是建立在龐大的財富或是超人的才華，而是精神生活的品質，

那所依賴的就是一顆赤子之心。我知道，在這個現實的社會中，要保有天真浪漫並不容易，但能夠懷抱著笑看人生的平常心，自然就會擁有圓滿美好的人生品質。生活，終究是看你自己想要怎麼過。快樂，畢竟是看你自己究竟怎麼想。

長大：那是在某個農曆新年突然收不到半個紅包後才會體認到的現實。

「就算你已經看透了那些虛假偽善，
卻還是選擇一笑置之，
這才是人心真正強大的力量。」

在成長過程中，我們會學習到很多事物，包含了各種不同生活的智慧、做事的訣竅與人生的道理，然後逐漸成長為一個綜觀大局、識大體的成熟大人。其中，有一門你不一定學得好卻不得不認真去學習的課程，叫做認清現實與看透人心。現實好認清，但人心卻不易看透，就像我，現在仍不斷地進修這門課。

在我們的生命中，會有很多不同的人來來去去，有些人是來幫助我們，有些人是來教訓我們。也有一些是來給我們快樂的，有一些是來給我們痛苦的，有一些是來一起承擔責任的，有一些只會來奪取好處與利益的。這些，都是我們要學習去分辨與了解的，這全是成長的必經過程。

許多困難與阻礙只要花時間、肯努力，終有一天能夠跨越；但，人心的善變與虛假，就算你肯下功夫拼了命去弄清楚，到最後仍會發現根本是白費力氣。一個人的思想與價值觀是取決於他自己，外人無法撼動，除非對方願意改變或打開心門讓人了解。在識人失敗的挫折中學習，你慢慢會發現，別人對你是好是壞、是真是假，一切都有跡可循。

雖然無法改變對方的想法，也無法認同某些人的作為，但我們仍不能被這些人的想法、作為所左右。是的，我們做的任何事、說的任何話，無法讓每個人都認同，因而招致一些不友善的臉色和不諒解的看法。他們或許表面帶著笑著，卻轉身與人說三道四，就算如此，你也要試著保持真誠的對待與善良的心態。你不該跟著不善良的人一起墮落，就算沒有變得更好，至少也要對得起自己。

世界上這麼多人，難免會有人讓我們發現到，原來人心真的可以如此虛假偽善。當你能看穿這些人了，還願意選擇一笑置之，而不是以牙還牙，這才是真正的強大。

請記得：「**無可憾動的事實，說與不說已不重要，總有一天它會被證實。心已不在的人，留與不留已無所謂，他終究會離你遠去。**」

試著去看淡那些不好的言語以及虛假的看待。如果你是正確的，爭辯已不是必須，即使你這次辯贏了，下次對方可能連讓你爭辯的機會都沒有；如果你已經看穿了，就不要肆意賣弄，刻意去說破，不留後路給對方，否則，將來別人連路都不讓你走了。

我們還是要經得起別人的誹謗，受得起旁人的敷衍，聽得清虛偽的稱許，最後能夠笑看這一切。這不是委屈，而是懂得看得開。

唯有受得起那些虛假偽善，我們才能把那些忍住的淚水轉變為成長的養分。

識人不清：有些人即使背後被捅滿了刀，還是看不清，大概是連眼睛都被捅瞎了吧？

「試著讓自己在失敗中
找到做對的方法，
而不是去找推諉的藉口。」

曾經聽過一則小故事，大意是這樣的……

一隻鴨子起程遠行，走得很累，途中在池塘邊休息，剛好有隻燕子也在那裡。燕子見鴨子一路風塵僕僕，感覺很辛苦，於是關切一下：「您要去哪裡？」鴨子憤恨不平地回答：「我也不知道要去哪裡，之前待的地方，大家都嫌棄我的叫聲又吵又難聽，我只好離開了。」燕子聽了鴨子的抱怨後，語重心長地勸告：「我覺得您別白費力氣了，如果改變不了自己的聲音，無論到哪裡去，都有可能會被人嫌棄的。」

我們都有著別人無法忍耐的缺點，有些是天生的改不掉，有些只要用心就可以改善。有人會認為鴨子很無辜，鴨子的叫聲是天生的，根本無法改變，就這樣被討厭實在太可憐了。確實知道鴨子因為自己的叫聲被嫌棄而感到無奈，還是對鴨子的聲音斥責難聽，也真的是沒有同理心。可是，除了責怪那些人之外，難道就沒有辦法改變了嗎？其實是有的，如果鴨子自己願意，減少喊叫的次數，降低叫聲的音量，我相信那些原本討厭鴨子的人不一定非要牠離開不可。

但，鴨子自己不改變，同樣的問題在其他地方很可能會再度重演。

我們也是如此。沒有在失敗中找到做對的方法，一味怪罪他人，只是讓自己心情一時好受，卻沒有想辦法改善，將來只會再度失敗。要別人與環境配合我們太難，自己改變還比較快。**不要一出錯就改變方向，在那之前，不妨先試著改變自己做事的方法。很多時候不是眼前的事情太困難，而是你把事情想得太簡單。**

任何人都會有犯錯的時候，也都有失敗的機會，那不是世界末日，不會天崩地裂，更不會永不翻身。這次做錯了，下次想辦法做對，盡力做得更出色就好，不要氣餒。當初我們為了自我磨練，認為自己能做得到那些吃力不討好的事情，承接之後，結果成效不如預期，不先檢討自己，反而先責怪別人、抱怨環境，這樣的態度是不可能得到成長的機會。

不要一出事就怨嘆這個世界不公平。事實上，這個世界從來就沒有公平過，就算你是人生勝利組，如果不努力，所有的成果你未必都能保得住。或許你的天生條件不如人，但後天努力可以勝過人，做個有目標、有理想的人，讓自己朝著那條路奮力邁進，並且慢慢成長。

不需要羨慕那些成熟穩重的人，他們現在的沉穩和淡定都是用曾經的天真和傻勁所換來的。總有一天，你也可以成為一個穩重負責的人，在那之前，你要先學會照顧自己，對自己負責，而不是心存僥倖地將人生託付於週遭，更不是厚顏無恥地將錯誤怪罪於他人。

別把自己的失誤到處遷怒，也許對方有責任，但不該把所有過錯都往別人身上推。真正成熟的人，會先檢討不夠認真、不夠積極的自己。**不要輕易為自己找藉口，當你找的藉口越來越厲害，成長也將離你越來越遙遠。**失敗就是失敗，不必找什麼理由，失敗沒什麼好丟臉的，對自己不負責任才是丟臉。

失敗沒什麼，記得不要把抱怨帶到明天，因為明天會是下一個成功的開始。

推卸責任：一種連放出大響屁都可以怪罪是椅子爛的行為。

「不是凡事都只有輸贏。
過程中所得到的收穫，
往往才是最珍貴的。」

或許我算是幸運的人，從小到大，長輩們對於我不知是放心寬容，還是無心管教，所以放牛吃草，只要不搞到老師登門關切的地步，大多不太理會我在學校裡的成績表現。即便在家，爸媽對我也是採取寬鬆放任的教育心態，可惜的是，在我生活週遭依然充斥著成績優先、名次至上的觀念與氣氛。許多家長期望自己的子女成為人中龍鳳，很多學校將提高升學錄取率視為重要指標，於是，我們從小就被迫與別人競爭。

我相信一定有不少人在小時候常被父母拿來跟鄰居小孩比較，長大後，又被另一半拿來跟鄰居的另一半比較。

由於長時間在這樣的競爭環境下長大，造就很多人的價值觀裡只論結果輸贏與數字高低，其他則完全不重要。他們習慣跟別人計較與比較，不能輸給任何人的心態支撐著他們向上，有的人想盡辦法賺取更多的金錢，因為那是他們衡量自己成功與否的標準。一旦他們比輸了，一旦他們沒錢了，他們的世界便就此瓦解，他們的人生也隨之崩潰，這樣的生命意義好市儈、好可悲也好乏味。

在我的觀念裡，**成績只是數字，金錢也只是數字，它們可以量化，但從來都不是我拿來評斷一個人能力或成就的標準。**

一個人的能力，應該是在他面對失敗時坦然無懼的勇氣；一個人的成就，應該是在他得到權力與地位時謙遜不傲的心態。

我們不用跟別人比較，也不該跟其他人計較，這世上的人這麼多，若真的要比，一輩子也比不完。人生要處理的事很多，你沒那麼多時間與人計較，應該比較的是自己有沒有一天比一天更成熟、更淡定，最好計較的是自己是否過得更開心、更從容、更問心無愧。用淡定的心態與思考方式來過日子，並不是讓自己放縱，而是不施加太多的壓力，不被數字所左右。

我們的成功、我們的成長都不該建立在輸贏上。做任何事情，無論結果是好是壞，如果是好的，當然值得開心，如果不好，也無需太在意，能在努力的過程中獲得經驗才是最寶貴的。努力長大然後變老，這條路本來就不容易了，更何況是摸索著、掙扎著的自己。能夠披荊斬棘再舉步往前邁進，實屬不易，還要再去與人比拼輸贏、計較那些無謂的小事，根本就是自找麻煩。

說真的，珍惜自己擁有的，比起去爭取別人的還要來得心安理得。

輸贏：明明是參加比賽才要爭的，偏偏很多人把自己的人生搞得像比賽那麼激烈。

「從來都沒跌倒，只是幸運。
跌倒後都能再爬起來繼續前進，
那才是實力。」

在成長的路途上，風平浪靜、順順利利、毫無險阻，當然是最完美也是最幸運的。能夠以這樣平順的方式而達到心中目標，簡直是可遇不可求，當然值得開心卻不一定值得驕傲，因為在別人眼中，你只是擁有了難得的幸運而已。真正值得驕傲、真正有價值的，是能夠跨過阻礙、被打擊後再度爬起，與從失敗中記取教訓的那些過程。

人總是犯賤，在安逸的環境下，通常只會鬆懈與墮落。最快速的成長方法，就是透過重重的失敗與打擊。比方說，因為失去戀情才終於懂得如何珍惜，總算了解到要找一個對自己好的人，即便他的條件再好，只不過是錦上添花；因為失去了友情才終於知道對你好的人不會刻意討好你，而討好你的人未必是真正對你好，總算懂得人心的險惡。你可以相信人，卻不可以什麼都不設防。

失敗，是任誰都不想要、卻仍需要經歷的，它與成功擁有相同的價值。因為只有在我們走過無數行不通的路之後，才會清楚知道到達成功的道路是哪一條。

你要明白一件事，**所有的平順並非沒有任何煩惱與危機，而任何逆境也絕非全然沒有出口與轉機。**無論如何，你都要讓自己保持著前進的動力以及面對打擊的準備，就算陷入困境也不允許自己垂頭喪氣。

成長的過程，難免會有不順遂的時候，犯錯或失敗並不可恥，最擔心的是你在遭受打擊後自此失去了動力。**你不該因為一點點的挫折就失志，不該面對困難就逃避，如果你自己連手都懶得伸出來，別人就算想拉你一把，都不知道該怎麼做。**難免痛苦，難免傷心，但你要相信自己能夠克服這一切，然後你會越來越成熟、越來越堅強。

慢慢地，你將明白，能夠讓我們跌倒的，往往不是身邊的人，而是你自己。**有時，摔一跤也是有收穫的，它能夠讓我們知道是誰故意絆倒你，然後又是誰肯扶起你或停下來等你。**這世上大部分的氣味相投，往往是彼此認識還不夠久、不夠深；更多的是日久見人心。那些在你摔一跤時沒有丟下你的人，才是真正的朋友。面對人情冷暖，我們不必感嘆，任何人都一樣，我們也不會永遠陪伴著身邊的每一個人。

希望你成長的路上一切順利，就算遇到了打擊、遭受了背叛，只要保持著信念，沒有被一刀斃命的你，將來會變得更強大。

跌倒：不一定是倒霉的，有時還會因此得利。比方說，在足球賽的禁區裡發生。

「想要擊出全壘打，
就要持續練習揮棒。
先做好小事，
才有機會成就大事。」

「態度決定命運」，此話不假。有些人遭遇事情無法順著自己心意走下去時，就會責怪環境，怪罪命運捉弄人。沒有人那麼偉大，可能讓環境來配合，向來都是我們該去配合環境。命運本來就捉摸不定，你不能坐等運氣來臨，而是把握自己能夠控制的因素，然後想辦法讓自己追上運氣，這才是人定勝天的態度。

做任何事都不要想著一步登天，不論那件事是簡單或困難，都有一定的步驟與進度，不要貪快。不如先把腳下這一步踩穩了，再去思考下一步該怎麼走。你要走得快，就先要走得多、走得遠，等走得穩了，自然就會走得快了。

凡事都有它的代價，你希望得到那個，就要先付出這個。你要面向陽光，就要忍受它的刺眼；你要享受乘風破浪的速度，就要犧牲平穩與安定。你想要能跑，就得先學會走；你想要跑得遠，就必須懂得調節步伐與速度；你想要超越別人，就得努力不停地衝刺。想要向上提升，就必須先把地基打好，為自己搭建穩固的樓梯才能攀爬。

做任何事情都是有其方法與訣竅的，即使知道方法卻不會運用，也跟不知道是相同的意思。那像是一個工具再好用，你不會用或不好好用，一樣可惜。先練好基本功而不嫌無趣，要學會就不要嫌累、不要嫌麻煩，因為你現在付出的努力與花費的時間，等到將來收穫時，就會發現全是非常划算的投資。而**學過的每一樣東西，你經歷的每一場挫折，都會轉化成才能與智慧，然後在人生中的必要時候派上用場。**

人應該在必要的時候對自己嚴厲，不要一點點不順利就開始為自己找理由，不要一點點打擊就開始放大自己的可憐。戀情結束也好，被朋友背叛也好，被老闆責罵也好，投資失敗也好，或是考試不理想也好，既然已經發生了，也只能好好面對問題，然後想辦法解決，沒必要庸人自擾，自以為整個人生自此崩壞。

人生目標不用多麼遠大，不需要你過多的努力與拼命，只要認真負責地做好該做的事，腳踏實地走好該走的路。想要擊出全壘打，就要不斷努力練習揮棒，就算上場後沒有擊出全壘打，但能打出一支又一支的安打就足夠了。別忘了，只要想辦法得分，就一定有機會贏得勝利。

全壘打：棒球術語，也是男女關係術語，表示一次就能得分。但重要的是先讓自己有進打擊區的資格。

「沒有人的工作是沒有價值的，
每個角色都有它存在的目的。
除非是你自己把它變得沒有價值。」

因為家庭環境的關係，我在很年輕的時候就必須開始學著獨立，「凡事要靠自己」是很早就懂的道理。

回想起來，我做過的工作很雜，學生時代在電玩店打工賺學費，也曾經跟著表姐夫的裝潢木工班打雜當學徒。剛退伍的時候，一時找不到理想的工作，為了生活，曾兼差做了好一陣子的快遞與警衛，然後從事好幾年的業務工作，因緣際會之下，才終於有機會接觸到自己喜歡的行銷企劃工作。後來因為寫部落格的關係，很幸運可以兼職寫作，一切都像是一場夢。

也許是自己曾經吃過苦，做過需要大量勞動的工作，也在服務業看過顧客刁難不屑的臉色，為了業績在外四處奔波跟人鞠躬哈腰，因此，我更能體會某些工作的難處與辛苦，也能夠了解那些工作的價值與意義，懂得尊重他人的專業以及付出心力的成果。

你或許會覺得自己現在的工作微不足道，沒有前途，甚至被人看不起。但，**每種行業、每個職位或每項工作都是為了某個目的、某個使命而存在的，都是**

擁有某種價值才被需要的，沒有笨蛋會平白無故付錢給你去做沒有意義的事情。

你以為自己做的工作很瑣碎、很無趣，根本毫無價值可言，但如果沒有你做的那些事情，那麼，其他那些你認為的重要工作可能就無法完成。你認為現在從事的工作沒有前途，是否該捫心自問什麼工作才叫有前途，如果自己的能力還做不來那些所謂有前途的工作，就請先腳踏實地做好自己目前能力範圍的事。你覺得工作被人看不起，但你又沒有殺人放火作奸犯科，而且你肯做別人不肯做的，你會做別人不會做的，那才是真正的了不起。

工作，我們或許可以把它當成賺錢過日子的一種手段，但也可以讓它成為一種有意義的存在。

每一種工作都有它獨特的經歷與價值，讓我們從中學習到什麼。每一種工作都有它的專業與技術，都值得被人尊重與感謝。每一種工作都是運轉這個社會的一股力量，我們不該妄自菲薄，能將手上的工作做好，你才值得負責更好的工作。工作，不單純只是養家活口的方式，工作價值其實是我們自己賦予的，與其抱怨，不如試著找出自己的工作價值吧！

工作價值：大家習慣用收入高低來衡量，但應該要用來質量好壞來判斷才是。

與人之間

Relationship

需要的不是討好，而是一點點尊重就好。

「會用言語酸你的人通常有兩種：
希望你更好的人，
與見不得你好的人。
但真正讓人難受的，
不是那些會酸你的，
而是背後捅你的人。」

從過去在學校念書，到現在入社會就職，你一直謹守本份，不敢說自己多麼優秀，但至少表現中規中矩；不敢說自己多麼努力，但一直都抱持著認真負責的心態來看待自己該做的事情。無論是在學校或是在職場，老師與主管並不會特別稱讚你，但你從未讓父母、師長、朋友，或是主管、前輩們擔心，你始終認為自己的事自己負責，因為你不好意思去麻煩任何人。

這樣的你，不可能得罪人，但你還是會耳聞有人在背後中傷你，甚至在你面前數落你。為此，你感到無力又無奈，明明只是想做好自己的本份，想盡辦法讓身邊的人滿意，這樣的你從來沒想過要傷害任何人，雖不奢望每個人都喜歡你，但也沒料到會有人討厭你。

人生在世，本來就是無法事事如意、無法人人滿意。我們做的每件事、我們說的每句話，不可能人人拍手叫好，畢竟這不像在臉書按讚那麼簡單，十人當中或許就有一、兩個人感到不滿意、不開心。有時，你不去招惹別人，別人也會認為你惹到他。

特別是有些人說話原本就不中聽，或許他沒有惡意，甚至還可能是他們一番苦心的好意，只是表達方式不討人喜歡。**先不鑽牛角尖那些人的話語是善意或惡意，不妨試著把它視為支持自己成長與改善的力量。**你無法去控制別人的說話方式，不過，卻可以改變自己的想法。只要確信自己所做的事或所說的話是對的，就沒有必要因為別人的作為而讓自己不開心。

你該明白，有光就有影。

朋友有好也有壞、有笑臉也有黑臉。不要討厭那些嘴賤的朋友，反而要心存感謝。如果有人見不得你好，那是因為你優秀，如果有人是為了你好的，那是希望你更好。

我們需要光，同時也需要影，陽光帶給我們溫暖與良善，陰暗提醒我們自身的不足，對別人的惡意，我們應該保持寬容的心去看待，並且懂得如何防範以免受傷害。

那些說話讓你不舒服的人，雖然很無奈也很討厭，他們會用言語酸你，但至少沒有付諸行動傷害你。真正可怕的是那些表面上稱讚你卻在背後用力捅你的人。

嘴賤：聽了讓你很想掐死他，但他說的卻又是事實。

「如果把批評別人或是
與人計較的時間，
用來做好自己的本份或是自我提升，
我相信，
你的人生一定會非常不得了。」

從小到大，從學校到職場，總免不了會碰上幾個糟糕的傢伙。我曾經開玩笑地對朋友說：「能夠讓你一天翻白眼的次數少於五次，那就算是幸福職場了。」既然在工作上或社交上無法避免那些煩心的人事，何不想方設法減少煩心的時間，至少能讓自己好過一點。

你認為他們做得不對、做得不好，本來就該說出來，會批評、會指正是希望對方能夠成長，今後能夠做得更好。若是真心為對方著想，就應該當面以和善的態度給予建議，而不該在背後說三道四。因為對方並沒有得到你的寶貴意見，下次若再重複相同的情形，你又得再翻白眼、心生悶氣，何苦呢？如果你很清楚自己只是單純看不順眼，又何苦為難自己，與其花時間讓自己心情不好，不如把時間用來做讓自己快樂的事。

也許，你受不了那些討厭、糟糕的傢伙，認為他們憑什麼能夠得到比你多的好處或關愛，或是為什麼做的工作比較輕鬆。太多事情得不到公平，於是你的心也得不到平衡。然而，人生向來就不是公平的，我們越是比較，只是讓自己更加不堪而已。

但，不正義與不公平是截然不同的。

對於不正義的事，我們要去計較、該去力爭。你要計較的，不是付出的多少，也不是條件的好壞，應該是正義與平等的權利。如果我們計較的是自己與他人的人生，誰豐富、誰匱乏，但我們只能看到他人的人生表面，又要從何比較呢？若是真的比出一個結果，他贏我輸，我贏他輸，這會讓自己的人生更有意義嗎？我想倒也未必。

我們的眼睛經常被別人的缺點所吸引，反而卻看不到自己的。

試著調整眼睛的銳利度，把批評別人的力氣與時間留給自己，將專注力留給工作，你的人生會更有意義，生活也一定快樂。人生不該充斥著批評與計較，你不覺得這樣的日子太可悲也太負面？

如果你認為要與人計較，才不容易吃虧，才可以得到更多，那是不正確的。事實上，與人計較越多，你失去的也越多。如果事事跟人計較，不只失去了人與人之間的感情，你失去的，還有自己的愉快心情。再也沒有什麼比讓自己寬心快樂更重要的事了，你真正該計較的是——你現在過得開心嗎？

翻白眼：心裡想著「你是白痴嗎？」的同時，不由自主會出現的一種表情。

「把別人弄臭，
自己並不會變得比較香，
因為你肯定也會沾到臭。」

很多時候我們會把自己搞得一塌糊塗，通常是因為不識時務。像是與人計較，叫囂著為什麼他可以這樣，而我卻不可以；怒喊著為什麼他可以有，而我卻得不到。於是你再也忍不住了，去爭取、去攻擊，甚至不惜去抹黑，認為就算自己得不到，出一口氣也值得。

你該好好思考，雖然想要的很多，但其實真正需要的卻不多。像那樣與人計較，然後攻擊別人，或許你覺得自己代表的是正義，但在其他人眼中，那是一種自以為是的惡意。你抹黑別人，自己也乾淨不了；你把別人弄臭，自己並不會變得比較香，何苦把自己推向四面楚歌的處境呢？事實上，很多情況並沒有你判斷得那麼糟，你也沒有自己想像得那麼壞，一切都是出自情緒，而把一切都視為有敵意的去對待。

或許，你會說先有惡意或先有偏見的人並不是自己，所以現在的反擊，只不過是以惡制惡。但，**不是所有的事情都是非黑即白，也不是所有的人都要志同道合，厭惡一個人何必去反目，認清一個人也不是非得去拆穿。**有人先懷著惡意與偏見來看待你，並不代表你就一定要以相同的態度來回擊，這樣只是證明自己不過也是同樣層次的差勁而已。

真正的成熟與智慧，是在內心裡接納那些看不慣的人事物，看淡那些惡劣的舉動。或許情緒依然會波動，仍會感到氣憤，心還是覺得好痛，但你開始明白不去計較、不去衝突、不去對立，而是懂得先明哲保身，看顧好自己的心，然後充實自己的能力。這不是自私的獨善其身，而是代表著你願意以身作則，不再心懷惡意地看待身邊的一切。

最後你將明白，那些自己曾處心計較的或是對自己不友善的，他們心地不一定有多麼糟糕，只是彼此的價值觀與想法不同罷了。不要讓這些人成為阻撓你觀看世界寬度的障礙，收起所有的反擊、拆穿，你會發現身旁的空氣乾淨不少。

很多的不愉快，都是自己過不去，只要自己過得去，不快樂就容易跨過了。

不識時務：就是一種沒麻煩自找麻煩、沒事情自討沒趣的行為，學名叫「白目」。

「你知道嗎？
你隨口說出的一句話，
可能會影響別人一天的情緒，
甚至是一輩子的命運。」

說話，向來是一門學問，要能說得動人、說得適時，那就是一種藝術了。一個人要口才便給、能言善道，除了後天的努力與練習，也要具備先天的語言才能，可見要當個會說話的人並不容易。例如，我不是一個巧舌如簧的人，雖然不能算是拙於表達，但也不是對任何事都能侃侃而談，還是需要下功夫去練習。不過，我知道有一樣說話技巧是不用花費太多時間訓練，就能輕鬆做到的，那就是「少說話，說話前先思考」。

建議你先明白這句話：很少人會因為少開口而惹禍上身的。

無論你的口才好壞，少說為妙，多說無益，言多必失，有時還會傷害到人，甚至還可能傷到自己。或許你是個舌燦蓮花的人，自認幽默，嘲諷別人也覺得無傷大雅，但你隨口說出的一句玩笑話，聽進別人的耳裡，卻有可能被認為是真心話。**並不是每個人都能欣賞你的風趣，你應該要知道，最高段的幽默是自嘲。**

其實，很多人包含你我，都不喜歡那些多話的人，尤其是喋喋不休、講話不經大腦就直接脫口而出的人。口才不好沒關係，至少要懂得傾聽，少說不該說的話，為自己留口德。我不去多說他人的閒話，因為在說的同時，自己心情也不會愉快；我盡量不與別人過於熱絡，少了人情壓力，心裡也輕鬆自在。我不對他人表達無謂的關心，以免造成對方的負擔。或許有人會覺得這樣的我太冷淡，但，生活還是清爽簡單些好，別因為溝通問題干擾到自己的心情，也不會因為說話傷害了別人。

有些人是說話不小心，當然，也有些人說話是懷著惡意。

他們或許覺得嘲笑別人很有趣，言語暴力不是實質的暴力，用話去奚落人沒什麼大不了的，但這全都是他們莫名其妙的自以為是。甚至還會先發制人地說：「幹嘛大驚小怪的！」還認為被嘲笑了，只要哭一哭就沒事了。很多時候，**一句話比起一把劍還要更可怕，利劍所造成的外傷，經過一段時間就能癒合，但被惡言砍到的心傷，可能需要用一輩子才能撫平。**

我覺得會排擠或嘲弄別人的人，其實內心是自卑的，缺乏安全感，渴望被認同，之所以那樣對你，或許是因為你有什麼地方是他比不上的，需要靠排擠、欺負，說一些打擊你的惡言，才能得到快樂，想想也是很可悲的事。你比這樣的人還要強大，因為真正的價值並不會被三言兩語所搗毀，而是能從那些幼稚的對待中更加淬鍊茁壯。

說話藝術不在於如何能言善道，而是懂得何時三緘其口。

幽默：不同於開玩笑戲弄他人。有些人自認幽默，但往往只會讓人沈默。

「別人對你的好，請務必記得，
因為沒有人應該要這樣做。」

分享一則我覺得很有意思的小故事……

小志、小明與小華是感情很好的同班同學，小志不愛喝牛奶，所以每到班上發牛奶的時候，小志就會將手中的牛奶轉給喜歡喝牛奶的小明。可以多喝喜歡的牛奶，小明當然很開心。之後每到發牛奶的時候，小明便習慣地跟小志拿牛奶。有一天，小華也向小志要牛奶喝，小志便給了他，這讓小明很不開心，於是找小華理論：「你怎麼可以搶我的牛奶」，也埋怨小志把牛奶給別人，三個人從此有了嫌隙。

小志確實以前都把牛奶讓給小明喝，這使得小明忘記牛奶本來是小志的，他不僅可以給小華，也可以給任何人。小明不能以為那是天經地義、理所當然的，而忘了自己該感謝、該珍惜與該分享。

人與人之間的相處，**無論是愛情還是友情，講求的都是「平衡」與「互相」，一強一弱，一先一後，一給一收。立場時時轉換，絕不會是一直傾向於某一方，那會形成一種失衡與偏頗。**

有人願意對你好，那是因為他認為自己可以給予，也覺得你值得接受他的給予，但這絕非他無論如何都要給你的，也不應該要一直不停地給予。

很多時候，並不是別人變得不好了，而是我們的要求變多了；習慣對方的好，習慣別人的給予，然後把那些都視為理所當然。卻遺忘了，沒有人是應該無上限地對你好，試著珍惜與感謝，否則故事的最後，你的世界容不下任何人，只剩下你自己。

你會遇到形形色色的人，對方也同樣如此。他可以把自己的好分享給遇見的任何人，要給誰他都站得住腳，給你也未必合情合理，更別說是理所當然。如果你有幸得到別人給予的好，請懷抱著感謝；當有機會可以給予時，也請不要吝嗇。如果有人一直對自己好，請提醒自己不要把一切視為天經地義，要懂得感謝與珍惜，你會發現將來反而能得到更多。

回到小志、小明與小華的故事，我心目中理想的結局是這樣的——

小華也向小志要牛奶喝，於是小志叫小明一起過來，將三個人的牛奶分成兩份，一份給小明，一份給小華。小志看著正在開心地喝牛奶的他們，自己也感到很快樂。三個人從此懂得彼此分享、感謝對方給予，也珍惜彼此的感情。

天經地義：以為事情是這樣子，就可以對人不尊重、沒禮貌，其實，這叫做自私。

「微笑是最好的化妝品，
而謙虛是最好的保養品，
驕傲自大當然是最糟糕的沒品。」

我不會說「外在完全不重要」的這種謊話，外表門面在人際關係中是需要重視的，但也不必過於修飾打扮，看起來乾淨舒服、適合自己就夠了。不過，我覺得人最美麗也是最美好的就是笑容了。打扮得再時尚、得體，如果總是擺臭臉，我相信沒有人會想要靠近他，更別說是喜歡了。相反地，如果經常對週遭的人展現笑容，大家自然而然就會接近，與你相處，友善的人肯定會受到人們的歡迎。

美國鋼鐵首任總裁查爾斯・史考伯（Charles Schwab）曾說過一句話：「真正最值錢的，其實是不花我們一毛錢的微笑。」不要浪費我們所擁有最值錢的笑容，適時地展現它，說不定還能夠帶來意想不到的回饋。

身為男人，我覺得不同女人的不同笑容有著各種的美。聰明的女人尤其懂得擅用不同的笑容去面對不同的男人。就算你的笑容稱不上傾國傾城，但也只需你真心一笑，比方說，在他需要鼓勵時給他一個鼓舞的笑容，在他情緒低落時給他一個安慰的笑容，就足以感動身邊的他、融化他的心。

除了外在的笑容，內在的心態也是讓人喜愛的主要關鍵。任誰都喜歡謙虛隨和、平易客氣的人。一個人真正的美，是笑容與謙遜的結合，如果沒有笑容與謙遜，就稱不上美，只能說是好看而已。而謙虛應該是發自內心的，如果是刻意去表現的，那就不是謙虛，而是虛偽了。

沒有人會討厭態度善良與謙和的人，最受不了的，就是驕傲自大了。有自信，是一種優點，但無論多麼優秀，一旦不懂得尊重別人、不懂得和氣待人，就算有一百個優點都彌補不了他的自大。

驕傲的人，不只被人討厭，也留下了弱點，因為謙虛的人懂得自己的不足，而自滿的人容易忘了進步。謙虛隨和並不是軟弱，唯有內心真正強大的人才做得到，而以傲慢自大的態度對待他人，反而是有弱點的人才會如此，因為他們必須藉此掩飾自己軟弱之處。

有時，當自己不被人喜歡，甚至被人排斥，不要一味怪罪別人、抱怨週遭，不妨先思考自己哪裡做得不好，檢討自己的態度有沒有問題，事出必有因。

懂得先自我反省，就是一種在心態上的進步，因為這是謙遜的人願意去思索的課題。

請記得：**在人前，微笑是一種魅力，謙虛是一種和善；在逆境前，微笑是一種堅強，謙虛則是一種強大。**

謙虛：這是優秀的人或是勝利的人才有機會做的，換成其他人來做，那叫「自知之明」。

「無論對方的工作地位是什麼，一定有我們值得學習的地方，都必須帶著敬意去對待。」

先以一則我之前看過的小故事來開場……

一位穿著光鮮亮麗的女人踏著高跟鞋，氣勢十足地領著兒子走進知名企業總部，總部佔地寬闊，還有一個非常漂亮的花園。女人與兒子就在花園裡找了一張長椅坐下來吃東西。

女人打開食物的包裝，就順手將紙屑往地上扔，不遠處有位正在修剪花木的老人，他看到之後，一語不發地走向前撿起那個紙屑，把它扔進了一旁的垃圾筒裡。過沒多久，女人又扔了一個，老人再次走過去把垃圾撿起丟到垃圾筒。就這樣，女人丟了好幾次，老人也撿了好幾次。

然後，女人指著老人對兒子說：「你看看，如果你不好好用功讀書，將來就跟他一樣沒出息，只能做一些卑微低下的工作！」

老人聽見後走過來說：「你好，這裡是企業總部的專用花園，請問你是員工嗎？」女人一臉不屑地回答：「我可不是普通員工，我是剛被挖角過來的一級主管！」

這時，有名男子匆匆走來，恭恭敬敬對老人說：「會長，總裁請您回去一起吃飯。」

老人點點頭，然後接著說：「替我跟人事部說一聲，對於這位新來的主管我有點意見，請他們來找我談談。」

「是！我會把您的指示轉達給人事部！」男子恭敬地回應。

老人說完後，朝著小男孩走去，他伸手摸摸男孩的頭，意味深長地說：「我希望你能夠明白，讀書是死的，做人是活的。在這世上，最重要的是懂得尊重每個人的工作，學會欣賞每個人的價值，那才是真正的成功。」

因為存有階級或輩份的觀念，難免會延伸到態度與禮數上的輕重差異，可是在心態上，都該對任何人表示尊重。不分身份地位，每個人都一定有我們可以學習的地方。懂得尊重、虛心求教，當自己需要別人幫助或需要某種專業的時候，自然就可以得到解決的方式。

尊重每一個人，因為每一個人身上都有與你我相同的人性，也有值得你我學習的優點。對別人的不尊重，也是對自己的不尊重。你若不懂體恤別人的辛勞、不懂體諒別人的處境、不懂欣賞別人的專業、不懂讚美別人的優點，別人自然也不會尊重你，還會看低你做人處事的氣度，以及不屑與你共事的機會。

很多人用盡一輩子都在追求財富與成功，卻忘了學會尊重別人，他們不知道的是，尊重別人也能創造財富。別忘了，**我們在追求人生目標的同時，是需要靠很多人來成就的，在不同的時刻需要不同的人來協助，懂得尊重及感謝別人的付出，自然會獲得更多的協助。**這是一條實現人生理想的捷徑，也表示在追求目標的路上我們並不孤單。你要懂得樹敵容易，明白貴人難尋。

輩份：現在很錯亂了，年輕女孩都自稱「姐」、「老娘」；而熟女卻說自己是「妹妹」、「女孩」。

「有些事情，不去談，就會是個結，
談開了，會是一道傷。
但過一陣子，它就會變成屁了。」

有一萬個人，就會有一萬種性格與想法。每個人的處事方式、思考邏輯與看待事情的角度都會有落差。因此，我們所做的事、所說的話，或多或少會遇到有人不認同的情形。在彼此缺少溝通之下，難免會有誤解產生，有時就算溝通了，反而擴大了彼此的衝突與不滿，這都是無可奈何的。畢竟兩個理念、邏輯完全不相同的人就像是兩條沒有交集的平行線，可以想見的是，再怎麼理性的溝通到最後都會演變成失控的爭吵。

交朋友不一定要交心，但至少不要交惡，也不用刻意的討好，只要有心為了對方好。因為誤會或是想法不同，當不成知心好友的兩人，也沒必要成為水火不容的仇人，應該試著把心結談開，就算會爭執、怒罵，甚至撕破臉，總比什麼都不說、讓自己悶悶不樂要來得好。起碼你站出來願意與對方溝通了，萬一對方依然不認同、不接受，只是表示你的個性與思想不同調，並沒有誰對誰錯。誤會無法解開難免會難過，但也只能接受這樣的結果。正因為你談過了、努力過了，就不會再有心結、不再有迷惘，對於那些無法交集的無奈才能釋懷。

當然也有不是單純誤會的時候，每個人都會不小心犯錯，確實有些時候不是說聲抱歉就沒事了，我們的彌補也不意味曾經的損壞就會消失，我們的後悔也不代表他人的傷痛就會痊癒。事情發生了，話說出去了，什麼都收不回來，而時間只會不斷前進，永遠也無法倒轉。低頭認錯，是需要透過學習鍛鍊的素養；該如何放下，就是考驗人生修養的本事了。

我們難免會因為做事的方式或思考的方向不同，而失去了幾位朋友，不如把它當成是一種汰舊換新的歷程。人生的旅程就像是坐火車，不一定所有上車的人都會陪你坐到終點站，有人上車，也會有人下車。**離開的人不是不好，只是不適合，他們的離開是為了讓你身邊騰出空間，在將來的某一站，讓適合自己的人可以有位置陪你走接下來的路。**

你我都有傷害他人和被他人所傷的經驗，不管是無心，還是有意。有人選擇去面對它、處理它，唯有如此才能安心放下，然後沒有牽掛繼續向前。但也有人選擇不去面對，以致於心中的大石放不下，心裡的傷痛也好不了，只能留在原地無法前進。這樣的拖磨太不乾脆，應該試著去改變，就算最後事與願違，至少也曾努力過，至少知道問題在哪。那些不愉快都只是暫時的，總有一天將風吹雲散。

交惡：一種衝動的行為。就像開車闖紅燈，一旦超過那條線，就回不去了。

「如果可以，
別做一些連自己都討厭的行為，
別說一些連自己都討厭的話語。
如果連你自己都討厭，
別人大概會討厭八百倍吧。」

人際間的相處，最基本的心態就是「誠心」與「尊重」了。誠心，當然就是不欺騙、有信用；而尊重除了不亢不卑的態度以外，很重要的一點是自律。每個人都該對自己的行為、態度以及言論負責，可以隨興，但不要讓自己做的事或說的話掃他人的興。

我們無法明白每個人的好惡，也無從得知每個人在意的要害，但至少在別人面前要避免去做一些連自己都討厭的行為，或是說一些連自己都討厭的話，這是最簡單的評斷標準，你自己都受不了，更別奢望別人可以接受。

有句話是這麼說的：「沒有無所不能的人，貴在有自知之明。」

自知之明的意思是「瞭解自己的情況，對自己有正確的估計」，另一層意義的解釋就是懂得什麼事可做、什麼事不可做，明白什麼話可說、什麼話不可說。**很多時候，我們會把自己搞到狼狽不堪、進退兩難的地步，往往不是因為力有未逮，而是因為自己的不知好歹。**

有時候，我們不以為意所說的一句話，或者不經意而做的一件事，就足以讓人對你的所有好感完全消失怠盡。

有段時間，「做自己」這個名詞很流行，很多人奉為圭臬，他們認為「做自己」就是以自我為中心，不必在意他人的眼光與想法。但，我卻覺得很多人都搞錯了，所謂的以「自我」為中心，不該是對他人的沒禮貌與不尊重；你可以不在意別人的眼光與想法，但態度絕不能是輕視、不屑與嘲諷。如果你不希望自己被這樣對待，自己就不該用這種態度去對待別人。

除非懂得視場合裝扮與行事，懂得視情況來說話，否則，寧願自己什麼都不做、什麼都不說，更不要抱持著「反正我就是這樣啊」的想法，沒有人應該是什麼樣子的，也沒有人應該要忍受你那糟糕或不得體的模樣。試著讓自己變得更圓融，不是為了別人，而是為了自己。大叔我也不是多麼好的人，也有很多缺點，但至少我會試著讓自己成為更好的人。你，當然也可以成為比我更好的人。

圓融：懂得在別人有表現時稱讚、別人出糗時裝傻的一種技巧。

「好朋友，
不一定是先認識的或是認識最久的，
也不一定是一直待在身邊的人。
但，他是前一刻還在跟你吵架，
下一刻會為了你被欺負
而跟別人沒完沒了的人。」

可以交心、真心為你好的朋友，本來就不會太多，但只要一遇到了，彼此的感情往往就是一輩子了。與真正的好友相處是非常輕鬆自在的，可以無話不談，也可以沉默不語。就算經常吵架，但也總能很快就和好，因為你們爭執的是事情，而不是兩人之間的感情。**就算偶爾會冷戰，故意不理會對方，但過一陣子就會融冰了，因為你們都發現到，愈是表現得不在乎，其實更顯對彼此的重視。**

知心的好朋友，像情人也像家人。他們會像情人似的陪伴你、照顧你，有時會因為被冷落而不開心，有時又會為了太過倚賴而感到疲憊，但只要對方一個笑容、一句慰問，那些不愉快就會煙消雲散。他們就像家人一樣，不把對你的好掛在嘴上，也不要求什麼回報，而是願意為你做任何自己辦得到的事，把你的事看得像自己的一樣重要。

如果是需要我們給予一點什麼，他才願意對你好，若不給他一點什麼，就對你不好，那樣的朋友不值得付出感情，當然也不值得你的深交。

什麼樣的人才是值得用心交往的朋友？當你做錯事，他會在你面前語重心長地痛罵你，卻會在別人面前想方設法地維護你。就算前一刻還在吵架，一旦看見有人欺負你，仍然義無反顧地力挺你到底。也許因為某種不可抗力的理由，彼此很久沒有聯絡而有些疏遠，但你們還是會因為對方過得好而感到開心，還是會因為對方記得自己而覺得安慰，並且為了久別重逢而感動。

即使有一天你們會走在不同的道路上，甚至相隔遙遠的距離，或許也早已忘了當年一起編織的夢想，但那段曾經共同走過的回憶，仍一直都保存在彼此心中，並且佔據著重要的位置。就算現在形同陌路，那份難得情誼依舊完好如初地安放在那裡，只要一通電話、一句問候，友情就會立即被喚回，並且維繫下去。

這樣真心相待的朋友你知道不會太多，也不需太多，畢竟你的心力有限，能包容的任性與幼稚有限，能給出去的心意有限，所以有幸獲得它的人當然也有限。這樣的好友可以跟你共享所有的酸甜苦辣，如同情人、家人般的羈絆，這種情感是無法輕易被取代的，**如果真有這樣一個人能夠與你交心，就**

算他幼稚得讓你一直翻白眼，就算他天然呆到讓你每天想掐死人，但你依舊會感到開心自在，因為你知道自己並不孤單，未來的路你們可以併肩相伴能走多久就走多久。

好朋友：剛才還在罵「你是豬嗎？」，現在就說「好啦好啦，沒事了，那個王八蛋我一定跟他沒完沒了」的一種關係。

「生活已經不輕鬆了，
不要再被太多人影響心情，
善待那些不喜歡的人，
也是一種對自己的善待。」

有些人，似乎永遠帶著敵意在看待身邊的人，好像接近他都懷有什麼目的似的，認為任何好意其實都夾帶著某種惡意，而把自己武裝得像是一隻刺蝟。有時，別人並沒有發動攻擊，自己就先出手了，因為他們認為最好的防守就是攻擊。其實，這樣的行為很愚蠢，不僅容易傷到別人，也容易讓自己受傷。有人因為害怕受傷，以為先發制人可以讓自己不受傷。事實上，這世界並沒有想像中那麼險惡，不必急著攻擊他人。

有時，放了別人，等於饒了自己。無論你是攻擊別人的一方，或是被人打擊的一方。

地球很擠，有太多人生存在這裡，並且擁有不同性格及想法，因此，難免會遇到讓你受不了的人，相對的，也有受不了你的人。我們很難無視那些對自己的批評與嘲諷，因為那代表別人對自己的否定。真正的沉穩豁達，是能夠看淡那些看不慣的人事物、針對你的抨擊與非難。你不喜歡的，未必一定就是不好的；若有人討厭你，也應該感謝他們的否定，給你自省的機會發現哪裡做得不夠好。

善待身邊的人，不管是對你好的，或是對你不好的，你願意放下情緒展現寬容的態度，無論對方給你的回應是如何，至少你已經放下，對自己也是一種善待。那些與人生氣或計較的時間，對自己並沒有益處，把時間拿來做好自己想做的事還比較有意義。

我在成長過程中學到最有用的觀念之一，就是我不再為別人對自己的批評而難過太久，也不再為別人對自己的看法而束縛。現在，我可以放手去做我認為對的事，也不會因為別人的態度而改變想法。只有在我們不介意外來的惡意時，我們的心才會真正自由。

到了一定的歲數，我們開始習慣受傷，雖然被傷到還是會痛，說不定復原的速度還變慢了，如果每次受到打擊就意志消沈的話，豈不是這輩子就要在唉聲嘆氣中度過了啊！光是這樣想就很可怕，不如看開那些不愉快還比較划算，好好善待自己與身邊的所有人。

敵意：通常是因為對你有什麼不滿意，但仔細一想，你為何要讓他們滿意？

「在外生活久了，受到委屈了，
你將發現這世上最動人的聲音，
就是家人的呼喚。」

親人是什麼？在我認為，就是平常在家嫌你嫌得要命，但只要有人欺負你、批評你，就會立馬起身為你拼命。

父母親在我年紀很小就離異，國小三年級的時候，爸爸出了嚴重的車禍住院，媽媽又暫時不方便把我帶在身邊，我被託付給住在基隆的小阿姨代為照顧，於是我從台北轉學到基隆，沒想到一待就待到國中畢業。阿姨家本來就過得不輕鬆，有五個年紀與我相仿的表姐表弟們要拉拔，再加上我，要照顧這麼多個孩子，無論如何，都是一件不容易的事。

在我的印象中，姨丈與阿姨對於表姐表弟們很嚴格，但不常打罵，倒是經常在嘴上嫌他們哪裡做得不好，對我則是用比較寬容的態度，那時會覺得因為我不是他們的小孩。我從小就是個悶騷、不多話的人，阿姨最常對別人唸我的話，頂多就是用台語說：「不愛講話，跟啞巴一樣」。

我運氣不錯，在新學校遇到一位很好的導師，知道我父母不在身邊，無論課業或是生活上都會特別關心我。有次，我忘了是什麼事，總之就是某種很無聊的原因，我和同學大打一架，事情傳到老師的耳裡，我們就被叫去辦公室聽訓。當老師說要打電話跟家長說時，兩個小孩已經嚇到腿都軟了。

那天回到阿姨家，因為是第一次在學校惹事惹到老師打電話到家裡，心裡非常害怕，不知道該怎麼面對阿姨，所以我早早就躲進房間裝睡。稍晚，老師很盡責地依約打電話過來了。

幾句簡單應答與噓寒問暖之後，馬上就切入主題了，我聽見阿姨用著很生疏的台灣國語對著電話那頭的老師說：「老師，你應該明白我們家阿飛很乖、很聽話，絕對不是那種會欺負同學的小孩，他不會無緣無故打對方，今天他會動手，一定有什麼理由的。」

躲在房間偷聽的我，原本忐忑不安的心情，瞬間轉變為羞愧與感動，原來阿姨是這麼維護我與相信我。事後，阿姨並沒有當面質問我這件事，還當作什麼事都沒發生似的，也許是怕我難過或害怕吧？

我相信，連叔伯姑姨輩都可以這麼支持我們、相信我們了，更何況是自己的父母與兄弟姊妹們。不要為了其他人，而忽視了自己的親人。別忘了身邊還有一直愛著你、看顧著你的人，被你視為理所當然應該做你後盾的人，不該等到失敗了、犯錯了、愛情或友情沒了，你才想起還有他們在。

當然，無論我們做了什麼、遭遇了什麼，家人始終會在，但他們不該被我們自私地對待。

我們往往會去在意那些不該在意的人，卻忘了珍惜身邊最該珍惜的人。我們會遭遇到很多突如其來的打擊，無論是別人的惡意，還是老天的旨意。很多時候，**有人可以跟我們一起承擔，那是一種幸運也是一種幸福**，但我們終究還是得要學會如何照顧自己。**請記得，要珍惜願意陪你承擔、當你靠山的家人。然後，期許自己，終有一天換我們陪他承擔，當他的靠山。**

這世上有各種不同人與人之間的情感，只有無私的親情才是不離不棄、無可替代的。

靠山：假使你犯了錯，還是會一邊罵一邊幫你收拾殘局。

不管是順遂，還是波折，不管是受人喜愛，還是被人討厭，日昇還是會日落，月依然會有圓缺的時候。最重要的是，我們怎麼面對生活，怎麼對待自己。

我知道，你其實累了。為了別被討厭的人看輕，為了別讓愛你的人擔心，你花了很大很大的力氣才能讓自己看起來好好的。休假時，讓自己的心好好休息。我相信，有一天我們可以不必再用盡全力就能過得好好。

一份正常的愛情，應該是兩個人好好同行，但，我們都把它變成一種修行。

需要你一直獨自努力的，那不是愛。愛應該是讓我們安心放鬆而不是用盡全力。

記得要好好珍惜可以陪你喧鬧、陪你難過、陪你耍廢的同伴。

人生想要快樂一點，那就試著讓自己能做的與喜歡做的事接近一點。

我們求的，無非就是平和靜好，這一路上，即使喧鬧也能安穩，即使顛簸也能從容。

向上天祈願，不是自己就不必努力，把所有的責任都丟給上天，而是讓老天爺知道我們會努力，希望祂能夠讓你的努力開花結果。

理想的生活，就是擁有好心情，身邊有個好伴侶、好朋友，能夠睡個好覺，
如果還有其他的，那都是錦上添花。

我們不用完好無缺，那些缺角總會有人幫忙填補起來。接納原本的自己，不卑不亢。
在那個人出現之前，不慌不忙。我們可以做到，不卑不亢的從容，不慌不忙的堅強。

聽起來很偉大，但我們要的其實很平凡。

愛

Love

情

「單身的人未必是不想要，
也並非沒人要。
他們只是更小心、更懂得自己的能耐，
除非有個人讓他認為值得再賭一把。」

過了一定年紀還保持單身，當然有他的理由，但肯定不會是大家所常說的那句：「眼光太高了」。

我知道，每次聽到有人這麼說你時，你的白眼都快翻到後腦勺了，心想，難道那些已經有對象的人只是因為他們都不挑？難道他們為了不單身，遇見不滿意但可接受的對象就決定先湊合著用？

你很清楚自己心目中的愛情不該是將就，你相信大家也不會那樣。

你當然也想有個伴，但愛情有時就愛捉弄人，經常是你想要的不出現，沒感覺的卻總在身邊。但，你也不願意為了脫離單身就輕易妥協放棄原則，或許這樣麼做可以讓你很快找到有人相伴，不過，用這種方式來獲得愛情，根本稱不上愛情，也就更別說要得到快樂與幸福了。

談過幾場戀愛後，你多少也懂得愛了，也更了解自己了。你知道什麼人適合陪伴自己一路走下去，也知道自己有多少能耐能談什麼樣的戀情，那種曖昧不明的、那種不知要你等待多久的、那種會讓你忐忑不安的，你都不想再經歷了。對於愛情，你當然謹慎小心，因為你明白自己終究不能再像過去那樣不斷重新來過。你要的愛不能像是寄生蟲，這個不行了，就再找下一個宿主，不斷重新適應另一個人，那樣太累、太傷神。

我們都很清楚，戀愛終究沒辦法講道理或談條件，最關鍵的還是「感覺」。但，到底什麼是「感覺」？沒有人可以說得準，只有你自己知道卻很難跟外人說明白。那不過是一種只要他出現在你面前就感到開心、能夠為他做點什麼就覺得滿足的心情與狀態。

單身，是寧缺勿「爛」的最佳選項，你只是想好好珍惜自己的愛，也不想糟蹋了對方寶貴的感情，這是對自己和他人負責的態度。於是你情願繼續站在等待線，等待讓你想要珍惜、願意再賭一次的那個人。

寄生蟲：必須依賴別人或傷害別人才能生存下去的一種生物。例如：壁蝨，還有爛男人。

「談戀愛就是要開心，不是找罪受的。只要記得這個原則就好。」

很多時候，愛情不是勇往直前就好，幸福不是努力堅持就能得到。然而，穩定美好的愛，一個人肯定成不了，終究需要兩個人一起配合才能到位。正因為愛情如此美好，我們才願意去投入，試著去磨合，甘心去忍讓，因為圓滿的愛是那麼值得我們全心盡力去對待。

但，全心的前提應該是「開心」。當初你決定和他在一起，那是因為兩個人在一起比起只有一個人時更開心，如果不開心，那還不如自己一人輕鬆自在。決定和他在一起，那是因為你相信彼此是可以相互扶持的人，如果沒人扶你就算了，說不定還被拖累牽連，不如靠自己比較實在。

一段感情的劣化，其實是有跡可尋的。比方說，他開始對彼此的事情提不起勁，對於你們在一起共度的時光顯得意興闌珊，你一定也對於兩人相處時充斥的索然無味感到不妙。

也許，你的一切付出被他視為理所當然，你的所有努力換來的只有他的不以為意。於是，你開始懷疑，懷疑他的行蹤，懷疑很多事情，懷疑對方，甚至開始懷疑自己。

兩個人在一起，需要磨合與忍讓，但絕對沒有必要被糟蹋與作踐。戀愛中的犧牲奉獻不等於偉大，但不被當成一回事的犧牲奉獻，那是一種傻。

你給的好，要對方認同才是一種好，不被認同的好，那只是多餘、自以為是的一種徒勞。最好把不被認同的好收回來，先用來對自己好，或是保留給以後那個懂得你好的人。

你要的愛，絕對不需要你犧牲奉獻、慷慨就義，這樣的愛不正常。你要的愛，絕對不是讓自己難受痛苦、患得患失，這樣的愛讓人不開心。你要的愛，絕對不能曖昧不明、若即若離，這樣的愛肯定不可靠。

就算不是公主或王子，但也絕不能是用完即丟的免洗餐具。**不好的愛就該放開它，選擇離開，那是因為當初你所愛的他早已不在，留下來的，只是一個你不熟悉的空殼。**

相信我，你不會難過太久的，因為你選擇離開的是讓自己不開心的源頭，保護你的愛情不致於被毀到面目全非，再也沒有重新回春的機會。

慷慨就義：以為那是烈士才會做的事，原來在愛中的人也經常做。

「最傻的事情，
就是明知會影響心情還犯賤去看，
好不容易爬出地獄了，
為什麼要再跳下去？」

科技不斷進步，先是網路時代，然後又到了行動通訊時代。因為社群網站、即時通訊軟體變得方便容易，使得友情與愛情的維繫，只要連上網路，就像上了一條讓情感升溫的高速公路，我們可以透過家中的電腦或掌上的手機看到朋友們分享的近況，同時也隨時發佈自己當下的心情。

許多戀情開始在社群網站與通訊軟體。先是對彼此的生活噓寒問暖，回應對方留下的曖昧動態，因為這些甜蜜的互動與微小的感動，讓兩顆原先生疏的心逐漸走近。

愛先是因為許多感動而萌生，再由很多的體諒堆疊起來，可惜愛很脆弱，只要一點欺騙就會開始坍塌瓦解。你好不容易才下定決心要把自己交出去，卻發現對方早已把他分送給別人。一顆完整的心換來四分五裂的感情，這個交易太不划算，這種割地賠款的條件你當然不能接受。於是，放手讓一個不能全心愛你的人離開，是你所能做的最理智決定。

原來你以為自己是無可替代，後來又以為他可以輕易被取代。結果，你終究會落到動彈不得的悲傷之中，之所以如此，自己的笨拙與自負是責無旁貸的。

在他離開之後，那些原本讓你們感情迅速加溫的便利，現在看來，簡直是推你陷入悲痛的幫兇。只要打開臉書，可以輕易看到那個狠心丟下你的他快樂的模樣，這種遠在天邊又近在眼前的距離，對你來說，根本是一個不斷打擊、折磨你的無間地獄。

你無法忍住不去看他的臉書動態，或許你潛意識希望看到離開你的他會一蹶不振，或許只是想知道自己到底輸在什麼地方。又或者，你根本也不清楚自己這麼做究竟為什麼，單純像是被什麼力量給制約住，只要空閒了，就是忍不住想打開臉書。

我知道，一時要讓自己不去在意，那並不容易。但，唯有不再去看他的動態才能讓自己已經支離破碎的心更快找回來。這時，需要一點狠心，更需要一些時間，但，唯有朝著這個方向努力，你才能恢復原本擁有的生活。

當你看到他更新的近況消息，覺得難過到想要去請病假了，心想，他怎麼可以若無其事過日子？或許，兩個人分開以後，根本沒有任何人是開心的。不過，無論如何，一個不再屬於你的人，他過得好不好，全都與你無關了。應該**將心思保留給與你有關的人，唯有自己過得好，才會有更好的未來。就算生命不再有他，卻能擁有另一個快樂的未來。**

割地賠款：就是自己被傷害了，還要給對方好處的一種行為。在別人眼中，通常會以為你卡到陰才會這樣。

「男人不擅長吵架，
但，我們最擅長的卻是
讓女人忍不住想要找我們吵架。」

偶爾會聽到朋友、同事抱怨另一半不愛說話或不願溝通，或者在講座現場聽過讀者提問為什麼有些男生不太懂得怎麼跟別人聊天，覺得他們講話的邏輯與切入話題的時機很奇怪，讓女生忍不住想翻白眼。

先分享一則關於男女溝通習慣不同的笑話……

男：「我覺得女人真的是超級長舌！」

女：「為什麼？我覺得你們男人才是超級無聊！」

男：「舉個例子，你昨天不是跟朋友聊天聊了四個小時嗎？」

女：「你怎麼知道?!」

男：「我在旁邊聽了四個小時。」

我曾經看過一篇關於研究男女平均每天說話數量的文章，根據三、四個不同單位的統計研究報告指出，男女每天平均說話數量的差別其實不大，在使用詞彙的數量上才會出現明顯的差距。這讓我想到另一份研究結果指出，女人相較於男人是更具備語言天份的。

不確定那些研究成果是否準確，但我認為一個人的說話多寡與邏輯方式與性別無關，主要是由先天的個性，還有後天的教育與環境所養成。比方說，男人從小就被教育要忍耐、要堅強、要穩重、不可示弱，以及不能抱怨，漸漸地不習慣表達自己內心的感受。

另外，還有一種情形，就是很多男人是想法實際的傢伙。或許，他的個性天生就是內向木訥寡言，在追求你的時候，還是會為了想盡辦法討你歡心，試著了解你的喜好，雖然拙嘴笨舌的，但就是因為他那付認真又傻氣的模樣打動了你。一旦彼此的關係穩定後，他就會鬆懈了，把心思放在其他事情，心態上便容易疏忽了兩人的溝通。

你說他變了，會有這樣的表現是因為不夠愛你？

我想他確實是變了，隨著時間的流動，每個人都會變的。在一起久了，習慣了，就容易忘了自己當初是多麼需要另一個人，那時的自己是因為對方而變得更完整。但，**忘了或忽略了，並不代表不愛了**。他或許單純認為與自己人在一起，不需要再虛與委蛇去討好，不必要做表面功夫去假裝，那樣太累人了。可是他也忘了，**關心不是去討好，溝通也不是去假裝，那是維繫兩人關係的一種心意。**

有句話是這麼說的：男人休息時不愛說話，女人休息時愛找人說話。

這似乎是個難解的問題，我們不可能讓一個不愛說話的人突然變得很愛聊天，也不可能讓一個喋喋不休的人馬上變得穩重少言。我們不能奢望自己能夠去改變另一個人，只能試著在彼此之間找到平衡，**關心不單只在言語上，愛的表現也不只是動作，溝通不一定要促膝長談，至少每天都有一點交流。要記得，所謂的自己人，才是真正值得你去討好的人。**

但，說真的，與一個不愛說話的人相處，遠比和會說謊話的人在一起，肯定來得踏實安心多了。

少言：我朋友是這麼形容他老公的…他一天只說「我出門了」、「我回來了」這兩句話，運氣好時，可以在床上多聽到一句「我到了」。

「你要相信，自己都這麼努力了，
終會有一個人了解並珍惜你的心意，
願意和你一起努力。
你現在要做的，是在那個人出現之前，好好照顧你自己。」

說好要在一起的，怎麼可以說話不算話？你討厭死他了，如果他早就知道沒法堅持到最後，就該早點跟你說，好不容易打開自己的心門，卻發現他已經轉身離去。你努力了這麼久，最後卻換來他的無情。就像原本約好去爬山在山頂相見，你拼了命到達半山腰，正準備開心地攻頂，一抵達才發現，只有一旁呼嘯而過的冷風，一望無際的風景，還有你自己。

你說這種被人遺棄在原地的感覺好難受，你說這樣被人從心裡冷冷刺了一劍的感覺很受傷，你很想好好振作過好自己的生活，可惜時好時壞，經常會有心的碎片被人踩到似的，忍不住揪了一下，然後悲傷好一段時間。甚至，有時候還會難過到想吐。

因為愛情如此美好，我們才會願意去追求，才會願意去努力，才會願意去付出，一時的放不開是很正常的。如果愛可以那麼輕易放開，或許它根本就沒有你以為的那麼美好。抱歉，我沒辦法說你很快就會好的，何時可以走出來終究還是得靠自己。

我們每個人都是帶著大大小小的傷一路走來，雖然你看似並非無堅不摧，卻也沒有自己以為的那麼不堪一擊。

你問我該怎麼撐過去？其實，我也不知道。

我只知道，**這世上沒有人會因為少了另一個人就鐵定活不下去。**只要抱持這樣的想法，我們就不會輕易認輸，會試著努力堅強起來，知道一切終會雲淡風輕。

這輩子，誰沒遇過幾段艱難的時間？誰沒碰過幾個糟糕的人？最後我們不都撐過來了嗎？所以，你要相信，自己這次一樣也能撐過去。

時間，很無情卻很公平，雖然可能讓你弄丟了愛情，卻也替你沖淡了傷痛。

你只要相信，好好照顧自己，等到那些經歷過後，將會讓我們變得更好、更堅強，然後成為更成熟的人，成就下一段美好的愛情。

說話不算話：這是一種情人間經常有的習慣，通常在一段戀情結束之前更會頻繁發生。

「並不是找不到更好的了，
只是我們先遇見了，
彼此愛上了，
然後願意珍惜了。」

年輕時，總容易把愛情視為生命中非常重要的存在。愛情與朋友大概就佔據了生活的七成，剩下的三成則是玩樂跟睡覺。如果沒有了愛情，彷彿像是被全世界給拋棄了。因為很在乎，所以全心付出，甚至會把自我犧牲當成一種浪漫，視為理所當然。那時，只覺得越是辛苦、越是激烈，才是真愛；越是如此，越能證明愛情的價值所在。

長大後再回頭去看，過去經歷的那些，其實都是不成熟的愛情。現在了解了，要我們愛得如此用力的，都是有問題的愛情；需要我們愛得耗費心神的、竭盡心力的，那樣的愛是不健康的。真正健康的、成熟的感情，應該是開心的、舒適的，而且可以讓自己放心的、輕鬆的，以及好好去享受的。

現在，**你總算清楚自己要的愛情，那些別人眼中的好條件、好學識，或者好家世，最後都比不過他有一顆好心腸。**好不容易，你遇見了那個感覺對的人，懂得什麼才是適合自己的愛之後，自然學會該怎麼去愛另一個人，然後你學會了最重要的事——珍惜。

過去，你總認為幸福遙遙無期，不知道它到底在哪裡；學會珍惜後，你才發現幸福其實垂手可得。原來，**當我們能感覺到幸福，那是因為我們懂得了珍惜，願意珍視自己所能擁有的一切。**

大部分的愛情是這樣的：陪伴在我們身邊的，不一定是最優秀的、最喜歡的，或者是最帥最美的，甚至未必是最適合的；但這個人絕對是最懂得珍惜，也是最值得珍惜的。

這個世上本來就不存在完美的對象，時而夾雜的完美假象，只因你的愛而讓你誤以為他很完美。沒有天生適合的那個人，只有願意磨合的兩個人，共同努力去成就一場百年好合的圓滿。

真正的愛情不會像戲劇那樣高潮迭起、錯綜複雜，正常人哪能受得了那種刺激、複雜的感情關係，我們要的只是再平凡不過的小情小愛。我們的交往對象也不可能像那些戲劇裡的完美男女主角，鐵定會有你不滿意的地方。

你要明白，任誰都要忍受別人的與自己的缺點渡過這一生，感覺好辛苦？但這就是兩人所要共同面對的生活。

所謂的真愛，不就是你能習慣他的打呼聲、他能容忍你的不衛生，類似這樣的生活小事所構成的嗎？

忍讓：很多人覺得這麼做多沒面子；但真正聰明的人懂得這麼做之後，對方才會給他面子。

「一個讓你缺乏安全感的人，
即使他的條件再完美，
也成就不了你生命的美好。」

你納悶自己為什麼總是吸引到同一種人，然後感情的走向也是同一種模式，最後演變成同一種結局。好像成為專屬你個人的愛情三部曲，從美好的前奏開場，接著演變成每況愈下的荒腔走板，無可避免地以崩壞做為結束。

或許你每一次的戀愛對象都擁有人人稱羡的條件，可是那些人帶給你的，沒有值得誇耀的幸福，只有一次又一次讓你心灰意冷的結局。一直重複這樣的過程與結果，開始你只覺得一切都是命運捉弄人，連去算個命，師父都說你一生都是爛桃花。明明你對每一段感情都很用心，但它卻一再打擊你的信心，這樣的愛情運叫人不灰心都難。

或許命運與環境會讓你容易遇上類似的人，但你自己應該最清楚，其實，並不是你容易吸引什麼人，環境也沒有特別為你安排誰出現，最大的原因是你選擇了什麼樣的人。

我們都一樣，喜歡長相好的、身世好的、經濟狀況好的，挑選對象時很習慣會以這些條件為前提，卻往往忘了個性好、對自己好才是最重要。那些所謂的條件好的人往往因為找對象容易，所以不夠珍惜身邊的人；受到的誘惑也很多，所以不易專一。但，這不完全是你的錯，從來沒有人同意條件好的人就有資格可以對你不好；當然，也不是所有條件好的人都是糟糕的人，只是你不能一開始就讓他以為能夠那樣對你。

要找到美好的愛情，不是叫你要降低標準，每個人都有對於愛情的期待與目標，委曲求全的愛不是幸福，我們該在意的是談戀愛時的心是否踏實。

假如對方能給的，只有條件而不是安全感，那麼，這樣的感情不該一開始就投入。我常說，愛情裡最重要的是快樂，如果你不快樂了，心也不踏實了，這樣的感情便不值得強留。

儘管如此，**也別對愛情灰心，請抱持著能夠遇見真愛的把握，最後一定有機會擁有被人疼愛的幸福**。愛情本來就不可能一帆風順，我們都是在風吹雨打之後，才懂得珍惜晴空萬里的美好。

安全感：一種踏實安心的感覺，是愛情裡很重點的元素。但絕大部分會出現的卻是無力感。

「每個人對於幸福的定義不一定相同，
別人口中的美好
不能全數套用在你身上，
幸福，只有自己要的才算數。」

以前，長輩們總說要找個伴，一定要有車、有房又有錢，下半輩子才會有依靠，日子才不會過得辛苦。好似那種有物質享受的生活才叫幸福。

後來，身旁的好友姊妹們又說高富帥是第一順位，依職棒的選秀模式來看，那絕對是狀元籤。有富有帥則是第二順位；只有帥還能接受；但只有高的話，等於什麼都沒有就要淘汰。姊妹們還說，別認為這樣想很現實，因為男生也喜歡漂亮的花瓶，如果那隻花瓶剛好裡面有裝東西，他頂多覺得是賺到的而已。

你覺得他們說得都沒錯，一個人已經過得很辛苦了，沒必要再找另一個人讓自己過得更辛苦。那個人應該要讓自己過得更輕鬆、更舒適，那才是好的選擇。

不過，你總覺得哪裡不對勁，自己要的似乎不只是這樣，可是，大家都說這樣的愛情才是至高的幸福，到底，這是真正的愛情，還是大家嚮往的一種生活價值？

愛情不會只有幾種樣版而已，每個人從中獲得快樂的方式不同，建構幸福的工法也不同。更不會是找到一個條件好的對象，然後自己什麼都不用做，幸福便信手捻來。別人期望的感情標準，可以參考，卻不一定適合你，是該抽絲剝繭地釐清自己想要的究竟是什麼。

你的愛情是你自己的，不是別人的，不需請求別人認同。當自己先認同了，別人終有一天會了解。**愛情不該是用來營造虛榮感，讓你拿出來在眾人面前炫耀的，而是要自己由衷地為它感到驕傲。**

愛情也不該是一種必須執行的義務，讓你好向親友長輩有個交待，你該從愛情領悟到的是責任，一種不只自己過得好、還要兩人一起也過得很好的責任。

真的，你的感情不需要向任何人交代，卻必須向自己說明白。如果連自己都交代不過去，又該怎麼說服別人你要的愛情。

愛情，從來就只是你一個人的事，開心或不開心，只有自己知道，別人說什麼那是他們的事。愛情，也只是你們兩人的事，幸福或不幸福，只有你們可以決定，別人害不了你們，也救不了你們。

炫耀：以為展示的是令人稱羨的部分，卻往往曝露出讓人大翻白眼的性格。

「願意信任，
是你最棒的優點，
不該是你自責的地方。」

那陣子的你根本無心上班，人是坐在辦公室裡，但心思卻像是無主孤魂在遊蕩。那時的你害怕夜晚的來臨，在家動不動就會為了一些莫名的小事哭出來，可能是被開水不小心燙著了、腳踢到床角了，或是網路突然斷線了……會這樣哭，是你感受到無助、悲傷與灰心之下的複雜情緒，那是全世界只剩下你一人的孤單、被人無故遺棄的悲傷與遭人蒙騙的灰心。

你相信人性本善，但還是不免見識到這世上人心可惡、可恨的一面。明明承諾你要好好在一起，卻在短短的時間內迅速翻盤，理由往往是「我發現自己不適合談戀愛」、「感覺我們在一起沒有未來」。幾天後，你卻發現他已經與另一個人打得火熱。難道，他跟別人就變得適合談戀愛了？他跟別人在一起就變得有未來了？

一個人會在這麼短的時間之內就變心，你應該很清楚，因為他打從一開始就沒有認真過，只是把你當成別人的替代品或是身邊的備用品，而不是把你當成愛情裡的必需品。你覺得自己好傻好天真，怎麼這麼容易就相信一個人，毫無防範地就把心交出去，以為命中註定在一起，其實人家從頭到尾只把你當成生命中的過客而已。

但，能夠真心去相信一個人，事實上是不簡單的。**人與人交往，彼此之間的信任是很難做得到，只有本性善良的人才有辦法，因為你願意去相信對方跟你一樣善良，而這就是你很棒的優點之一。**

之所以會被欺騙，不是你笨，是因為你相信他、相信人性。你沒必要去責怪自己的優點，該責怪的是辜負你信任的人，笨的人是他。換個角度想，他其實也很可悲，因為一個不相信、不誠實的人是很難找到真正的快樂，於是，他無法感受愛情帶來的踏實，也不明白愛情的真諦，在短暫歡愉過後，徒留空虛與孤單。

無論是去相信別人還是被別人相信，那都是值得讚許與開心的事，要信任那個你認定他值得的人，要珍惜那顆願意信任你的心。心地善良的人，或許會過得比較辛苦，是因為你願意相信。雖然我們總會遇見幾個糟糕的討厭鬼來糟蹋你的心意、揮霍你的愛情，但也不要為此感到心寒，那些人的出現只是做為人生對照組，讓你更加清楚知道自己該找的是什麼樣的人。你要找的是和你一樣善良，而不會白費你心意的人。

其實，能夠相信是幸福的，而被相信是幸運的。要喜歡那個相信愛情的你，更要感謝那份相信的愛情。你會找到想要的那個人，而不是那些錯失良機、不知好歹的笨蛋，他將懂得珍惜，並且愛護那份信任的情誼。

信任：一種你願意依賴、你不願懷疑的關係，並且願意承擔可能被傷害的風險。

「當我們感到開心與感覺幸福的時候，往往是因為我們懂得了知足常樂的生活態度。」

《年輕人們二〇一四（若者たち二〇一四）》是一部我很喜歡的日本連續劇，它是翻拍自一九六六年的同名劇作，再改編成符合現代的故事背景。劇情內容主要是描寫五個自幼父母雙亡的兄弟姊妹，處於窮困辛苦的環境之下，每個人在學業、工作、愛情與性格出現各種問題與衝突矛盾中，一起經歷，並且成長，是一部感人勵志的作品。

其實，播放每一集時，我總在旁邊不停地碎念：「哎唷，好老派哦、好老派哦」。大哥佐藤旭（妻夫木聰飾）有著八股教條般的信念，還有那個如同生活在昭和年代的天真傻勁，很老派；兄弟解決爭執的方法是在泥地裡打架，很老派；整齣劇所傳達的正氣凜然、親情至上與追夢無價的價值觀，超級老派。但，我還是不知不覺地沈浸在老派劇情中，然後流下老派的大叔淚。

故事中所傳達出的人與人之間的感情，之所以動人是因為單純又真摯，即使貧窮辛苦度日，卻依舊快樂與幸福，正因為他們知足與珍惜。

有一次，佐藤旭誤以為被自己的女友澤邊梓（蒼井優飾）欺騙，因而大吵一架，甚至要分手，卻沒有細想女友的所有謊話都不是惡意，全都只因女友深愛著他。比方說，澤邊梓隱瞞自己要替家裡還債才在酒店打工，是怕被他看不起。佐藤旭後來得知細節後，想起女友過去種種對自己的好與體恤，才體認到自己的糟糕，因而後悔至極，奮力將找她回來。

與人相處總會有慣性，無論是親情、友情，還是愛情。在一起的時間久了，很多事情都會變成習慣，很多事情也會變得理所當然。忘了對方並沒有虧欠你，別人也不是一定要給予你什麼，應該要心懷感謝自己所擁有的一切，懂得珍惜別人所給予的好。

佐藤旭他家窮得要死，除了妹妹在工作之外，大弟坐牢，二弟搞劇團沒有收入，小弟還是高中生。而他也只是個馬路工人，家裡的經濟幾乎全靠他微薄的收入，大部份的女孩子不太可能視他為結婚對象，可是澤邊梓為什麼願意嫁給他還甘之如飴？因為她看中的是佐藤旭擁有的正直善良，以及對於家庭的負責與愛，而這項優點是金錢買不到的。

真正的愛，不只是你懂得欣賞並了解一個人，還要去擴大他的優點並沖淡他的缺點。你不會用他的缺點去比較別人的優點，而是讓自己因為擁有他不露鋒芒的優點而感到開心，你會因為他對自己獨一無二的對待感到滿足，因為知足了，所以快樂。

還記得有天早上，我在捷運站通往出口的長長通道上遇見一對老夫妻，老先生只能用緩慢的小碎步吃力地行走，一般人三分鐘可以走完的路，他大概需要三十分鐘才能走完。雖然緩慢又吃力，但他彷彿是用盡餘生的全部力量，奮力地在那條通道前進，而身旁的老太太很有耐心攙扶著他，還不時轉頭用疼惜憐愛的眼神看顧著先生，那眼神好像是在說：「別急，慢慢來，我一直都在」。

看著兩老的背影，我忍不住感動了起來，那條長廊通道就像人生的縮影，我看到的不只是一段白頭到老的感情，還有一份彼此珍惜著且堅定的愛情。

老派：在大部分人眼中跟不上時代潮流，卻有著值得保存、欣賞與愛護的價值。

「雖然你可以獨立，
但還是請你懷抱著信心，
終有一天會遇到一個你不依靠他，
但你們可以相互扶持、
一起努力的人。」

原先對愛情有著浪漫美好的期望，但在與幾次戀愛交手之後，回應我們的卻是一次又一次的失望。

但，你是否想過應該感謝這幾次糟糕不堪的戀情？讓你學習到愛情不能是一種單方面的依賴，而必須是雙方面的信賴；你懂得那些讓你患得患失、揣測不安的愛，不該緊抓著不放，委曲求全，因為那會讓你不快樂；你了解到原來自己遠比你想像的還要有承受打擊的能耐，與其等待一個人可以依靠，還不如讓自己堅強。

每個人都希望能夠找到一個可靠的伴侶，但最後發現，最可靠的還是自己。

讓自己堅強，讓自己獨立，讓自己值得依靠，讓自己習慣不期望，這是我覺得很棒、也是你該相信自己能夠做到的事。但你不必勉強自己往這樣的目標去努力，過多的努力，只會讓人感到辛苦，生活已經不輕鬆了，不如放了自己。

很多事情都是自然而然形成的，獨立是如此，堅強也是如此，只要對自己保有信心，一切自會水到渠成。

或許，你認為找個值得信賴的伴侶好難，擔心會再經歷一次那種忐忑不安、失去自我的日子，與其讓自己一次又一次的失望，最後讓自己完全絕望，不如將自己的期望放在後頭，好好處理眼前的生活，還比較簡單。

但，你受過了那麼難熬的傷痛，你體會過了那種被背叛的不堪，甚至，還經歷過了那些愛與不愛的過程，你應該對自己更有信心，那麼糟糕的過往你都可以撐過來了，那麼難受的日子你都能夠熬過去了，你當然有資格再去賭一把，為自己贏回本該屬於自己的愛情。

別浪費了過去那些寶貴的經驗與磨練。**所謂的圓滿，其實是我們用經歷過的傷心與挫敗所遺留下來的碎片來拼湊完成的。**你不再依賴別人，你懂得照顧好自己，這樣的你肯定值得被人喜愛，因為**你不再是別人的壓力，而是可以成為一起前進的助力。你不再是人家的負擔，而是可以共同努力一起承擔。**

這樣的你當然要對於愛情保有信心，因為你做得到，相信有人也可以做得到。

終有一天你能夠找得到，那個你不依靠他、他不依靠你，但可以相互扶持、一起努力的人。

圓滿：自己有缺口的地方讓別人的餘裕來填補，惜福也不多求，剛剛好就足夠。

「很少人會討厭愛情，
但每個人都討厭不安、傷害、
懷疑、等待和背叛。」

愛情之所以美好，是因為有人疼愛、有人關心、有人交心，以及有人在等待。相對的，愛情也經常伴隨著不好的影響，它會讓人戕害自己、厭惡自己、懷疑自己，甚至失去自己。可是，你不該為了一些不好的，就全盤否定愛情的美好。這世上沒有任何完美的事物，當然也包括愛情在內。我們該做的，就是去擁抱它的好，同時也要小心去避免不好的部分。

談感情最重要的是「信任」，我們該信任對方，也要信任自己。一旦失去信任，沒了信心，就會不停地懷疑對方的話語，不斷地揣測對方的想法，猜忌對方的行蹤，然後開始患得患失、惴惴不安，接著否定自己，自責到底哪裡做得不夠好。而這些所有的開始，也是失去的開始，原本美好的感情正逐漸崩塌瓦解。

你終會明白，**自己會在愛情裡失敗，會在傷痛裡走不出，會害怕再談戀愛，起因都是自己的太在乎**。可是，你不需自責，一個要走的人你留不住，一個不愛你的人你愛不了，就像是一個失去靈魂的人你永遠也喚不醒。

兩人相處，不是一個人在乎就能一帆風順，不是一個人努力就能白頭偕老，終究是要另一個人願意回應才能成得了事。如果有人在意你，再忙也能硬擠出時間回覆你；如果有人想念你，即使在遠方也會想盡辦法來找你。如果那個人什麼都沒做，你的期待是沒有意義的。

事實上，一個人會不會回來，他的心還在不在，你早就心知肚明，只是明知故犯，讓傷心矇蔽了心眼。相反地，如果這些他都有做，表示他還有心，或許做得還不夠好，還不讓你滿意，但你不該將信任度減低，因為想太多而迷惑了自己。

愛情最常見的對手，不是第三者，也不是時間與距離，而是自己的多疑、不信任。

很多人一談起戀愛就會胡思亂想，當對方可能還在狀況外的時候，你早在心裡把一場戀愛全談完了。或是，對對方的話語與行為半信半疑。何必將美好的戀情談成緊張刺激的推理案，根本是自虐找罪受。談戀愛應該是要讓人開心的，享受愛情的恬美，不該想得多，而是珍惜得多。**相信自己多一些，也信任對方多一些，如果是一段充滿不安與懷疑的感情，還不如早點結束，別讓它繼續打擊你對愛的信心。**

雖然經歷過的那些愛情帶給你許多不安、傷害、懷疑、等待和背叛，但它也會讓我們很快地長大。戀愛會讓我們學到很多技能，如：忍讓、灑脫、堅強、低頭、面對、接受、知足、勉強、適應。

技能：技巧與能力。在戀愛裡最該具備的是察言觀色的能力與適時裝傻的技巧。

「之所以相愛，是因為在一起很開心，
但如果不開心，
卻還抵死要繼續下去，
若不是真愛，就是你變態。」

有時候，我很佩服那些能夠容忍糟糕惡劣另一半的人，或許你也是其中之一，可能是過去式或是現在進行式。我很清楚你所做的犧牲與退讓全都是因為「愛」，如果是心甘情願也就算了，但你明明知道自己過得鬱鬱寡歡，感覺心如刀割，一點也不甘願卻還不肯放開手。愛，不該是這樣的自虐與束縛。

打個比方，那些你吃過覺得難吃的餐廳，通常你不會再去；那些你買過東西卻覺得品質差的店，通常你不會再光顧；可是，面對那個傷過你一次又一次的人，你怎麼可以選擇再忍下去？

不要用愛來為自己找藉口，催眠自己對方總有一天會改變、終有一天會好好愛你。愛情裡最傻的幾件事，就是為了對方而改變成不喜歡的自己，還有以為自己有能力可以改變一個人。為了一個糟糕的人拼了命去努力，時間久了，他不一定會改變，最後會變的，可能是你愛他的初衷，因為愛已經失去了原樣，形成一種扭曲。

要讓人愛到改變自我，這種感情都有些問題；要求自己無止盡地付出，這種感情都不健康。真正值得你繼續的，一定是兩人相處起來是開心的、放鬆的，不會有壓力的感情。

你是聰明的，需要放手卻還不肯放，那是因為你在等待奇蹟的發生。我相信會有奇蹟，但絕不會出現在一個不在乎你、不珍惜你的人身上。很多時候，並不是你不懈的堅持就會換來美好的結果。**愛情是勉強不來的，即便你日日相守，也敵不過他心已不在的狠心辣手。**

談了幾段感情後，或許你很納悶自己吸引來的為何都是那些同樣糟糕的人。讓你不得不懷疑自己是否也是同一類型的人，才會物以類聚。但無論如何，都沒有人應該只配一塌糊塗的感情，那些不好的人會出現，是因為你誤以為他們是值得停靠的避風港。你不是糟糕的人，只是在當時的情境下做了錯誤的判斷。

等你到了另一個階段時，終將體會到，**愛情不是用來放閃給別人看，而是要**

讓自己開心。因此，你得對自己的決定負責，不再單純以條件去判斷，懂得以他那顆「心」來決定。

你要相信自己下次不會再發生同樣的問題，將來只會在正確的軌道上行進著，因為你不想承受一次又一次的失去。

你該得到的是一段真正的戀愛，而不是成為一個享受身心都被重重打擊的變態。

變態：讓人認為他心理生病了、行為不正常了。例如，緊抓著惡意對待的另一半不放。

「單身，從來不是罪過，也不是不幸，
只是想要寧缺勿濫。
你不該自卑，不用感嘆，能夠一個人也
過得很好，那才是難得的智慧。」

進入適婚年齡後只要還是單身，免不了會受到週遭親友的關心。但，是關心還是好意，是多事還是關切，都會讓人忍不住以為他其實是故意。言談之間，對待你的態度，難免表達出「單身」等於「不健全的生活」？

單身的人總有一、兩個自己認為還不能戀愛的理由，也許是那個人還待在心裡沒有離開，也許是不想要對新的戀情敷衍馬虎，也可能是還未遇見情投意合的人。老實說，你喜不喜歡，他合不合適，兩個人能不能在一起，都是完全不同的事。愛情，講求的是天時地利人和。若**要說這是緣份，但命運並沒有為我們選擇對象，而是在冥冥之中由我們自己做出決定，最後的結果仍然掌握在自己手裡**。

你不用為了單身而自卑，終歸會有人來與你相伴，千萬不能因為壓力就隨便找個人陪，愛情需要感覺來觸發，感情需要時間來醞釀，唯有兩顆獨立的心能相融在一起，否則就算身邊有了伴，內心也還是感到孤單。「寧缺勿濫」，應該成為你感情的座右銘。

當那個人還沒出現之前，不妨先習慣一個人吧。人生最難跨過的，往往是自己這一關，唯一能夠阻礙你追尋幸福的，通常是自己。你能夠把自己調整好，你才可以把自己照顧好，別人才有機會體會到你的好、欣賞到你的好。**或許你不完美，但總會遇見一個合適的人，而他就是剛好喜歡你的那一點點好。**

你要懂得，愛情是自己的，任何人的看法都不能影響你對愛的想法。戀愛沒有方程式，別人的那套公式不能原封不動地套用在你身上，不只方式不同，你們真正想要的結果也未必全然相同。因此，你不該為了迎合別人的價值觀去談戀愛，而是由衷期盼讓另一個人來參與自己的未來，願意為了他改變原本的單身生活。

我相信你一個人可以過得很好，也要相信自己能夠找到一個讓你過得更好的人。我們也要尊重與體諒別人的感情生活，無論是單身、同居還是結婚，都是一種適合他們的生活方式。然後，**我們不再只是因為別人告別單身而開心，是因為他終於擁有自己想要的幸福而動容。**

就算最終選擇了自己一個人，那也是一種幸福。畢竟，做選擇的人都說是幸福了，又有誰能說不是？

適婚年齡：沒有特定歲數，就是明白自己適合什麼樣的愛情，而且真心願意走入婚姻的時候。

「面對一個讓你懷疑猜忌的人，
或許結束才是一種最適當的開始。」

對某些人來說，給別人穩定的感覺與確切的答案，似乎是一件很困難的事，就好像認定彼此的關係是一種無法克服的障礙，或者應該說他算是一種感情殘障？但，你偏偏就喜歡上這樣的人。有時，你只是想要戀愛的感覺，找到了感覺，卻找錯了對象。其實，就算是你愛吃的菜，也會有不合你胃口的時候。

可能是遲遲不願給予你任何承諾，可能是一直不正面回應你們倆的感情，可能是你沒把握他的心究竟在何處，這些種種的不確定，你的心像是被惡魔的爪子緊緊掐住，你的耳朵像是被魔鬼的低語侵噬著信任，讓你糾結痛苦、不知所措。

我一直強調，談感情就算不能讓你開心，至少心也要踏實，如果沒有踏實感，起碼不要讓你懷疑擔心。如果連這樣的基礎都沒有，你還是收拾你的心、停止等待比較划算。你從不奢求愛情要多完美，只需要有一個人能夠讓你安心篤定就好。

我們無法預料未來會是什麼樣的人走進自己的生命，但至少可以選擇跟什麼樣的人牽手度過一生。**有時候，你想離開一個人，不是感覺不愛了，而是感覺不對了。**趁還沒重傷之前，先選擇結束，別讓不對的人繼續破壞你對於愛的期待。

或許**你會對愛感到沮喪並不只是對方的變心或花心，而是在你有所期待的時候讓你大失所望。你已經全心全意，而他還在三心二意。**值得你去愛的人還有很多、值得你去做的事情還有很多，不要因為一次的不如意就垂頭喪氣。**離開一個會讓你懷疑猜忌的人，那只是過濾掉影響你生活的壞成份，同時能保持你愛情的好體質。**

在這輩子我們會遇見很多人，他們來來去去。有人愛你，有人辜負你；有人照顧你，有人傷害你；有人煞有其事地來了，然後又莫名其妙地走了。你累了，你哭了，你痛了，你後悔了，或者你失望了，無論如何，你都與那些來來去去的人無關。日子該如何過，是自己的選擇；愛情好不好，是自己要負責。

離開一個不適合的人，疏遠一個不能給你安全感的人，根本不用太難過，也不必再回頭證明些什麼。何必為了不在意你的人傷心，何必向不值得的人去證明。對於未來的愛，不用滿懷期待，不必心存猜想，只要順其自然就好。

因為註定的事，必然會發生。

只要有了信心，不管一個人的度日，還是兩個人的生活，每一天都是抱著腳踏實地的心情來對待，這就是我們「註定」該做的事。

註定：一定會發生的，逃也逃不掉。就好像你看了這本書，或是看到這句話，你忍不住會想罵「廢話」。

「別忘了偶爾表達你的關心，
我們不需要完美的情人，
只要有踏實的幸福就夠了。」

先別問下輩子還會不會再相愛，先把這輩子過好比較重要。愛的困難在於我們很容易將愛想像得太過美好，或者是我們容易太過自信，忘記燦爛的火花只是一時，接下來，就要看點燃的愛火能夠延續多久。愛久了，漸漸成為生活的一部分，走入婚姻後，愛更容易在柴米油鹽醬醋茶之中，不知不覺地消磨殆盡。

其實，讓愛情變成生活的一部分並不是壞事。一個人的時候，能夠做自己想要做的事，兩個人的時候，可以一起做更多的事，比方說，一起去部落客推薦的餐廳嚐鮮、一起去不曾到訪的國度旅行。或許這些事看起來一個人做也可以，然而，最大的差別在於有人可以共享美好有趣的體驗，有人可以陪伴度過新鮮刺激的經歷。

知道有人等待，知道有人相伴，就是一種幸福。**只要在一起，就算是你做你的事，他看他的電視，但你明白在同個空間裡有他存在，就感到既滿足又有安全感。這就是愛情，一種再平常不過的生活形態。**

又或許是因為太日常了？穩定的關係容易讓我們忽略另一半的感受，相處的小問題很容易被瑣事給覆蓋，因為太細微，太難以察覺了，以為一切一如既往。在一起久了，難免新鮮感沒了，感情淡了。於是，我們覺得別人變了，或許彼此沒有變，只是忘了當初兩人為什麼在一起。

無論相愛再怎麼久，不管相處再怎麼習慣，依然要保持著兩個人的交流。一旦有不開心或看不慣的事情，就算認為說出來會爭吵也要試著表達。要珍惜願意跟你吵架的人，漫漫人生路，誰沒有意見不合而爭吵的時候，誰沒有出現過轉身離去的念頭，**願意吵，至少還表示願意交流。最後能白頭到老的，只有彼此無論吵了幾次也願意繼續再努力下去的人。**吵架不是問題，不愛了才是。

你們都很獨立，可能彼此都很忙碌，但請別忘了自己本來努力的目標是什麼，忙碌不該成為不關心彼此的理由。關心所需要的時間，只要用你走去茶水間倒杯水的時間就已經足夠了。

一段真切的感情，不單單是某個時期的激情與承諾，而是之後決心攜手走過的歲月。**一段穩固的感情，並非只是冥冥註定的隨遇而安，而是兩人彼此認定之後的破釜沉舟。**對於愛，你要有決心，但不需太用力，只需要多用點心。

大部分的情形，不是我們不愛了，只是不再用心，忽略了對方的想法。

柴米油鹽醬醋茶：聽起來很無趣，但生活裡若少了它們就少了調味，那才是真正的無趣。

「我們以為的失去，
往往只是一段去蕪存菁的過程。」

你喜歡的那個人，條件普通，長相普通，其他方面更是普通，幾乎沒有什麼值得誇耀的地方，很多朋友都問過你到底喜歡上他什麼地方。但愛情就是那樣，毫無標準可言。我們這輩子總會愛上幾個人，他或許沒有太多的優點，但你偏偏就剛好就喜歡上那為數不多的優點。

莫名其妙地喜歡上那麼普通的他，沒想到，最後被他莫名其妙地拋棄掉那麼認真對待的你。明明應該要好好珍惜你的人卻不懂珍惜，還完全不留情份地踐踏你的愛，你當然不會甘心，因為所有人都認為你值得更優秀的對象，而你還是義無反顧地袒護他，最後卻換來無情的對待，過河不只拆橋，連救生衣都不留給你。

難道自己真的又傻又天真，為了一個不值得愛的人一路勇往直前，結果把自己撞得滿頭是包。然而，愛上一個人，原本就不是件理性的事。**你會犯傻、犯賤都沒關係，因為戀愛本來就是大家都認同的一種神經病。**

被人遺棄的心情我懂，任誰都會感到難受。但，既然是一個不值得的人，他離開了，不必因此懷恨。你該恍然大悟，他走進了你的世界又匆匆地離開，總有他的原因，無論是什麼原因都已經無所謂，最根本的原因是你們的心早已不再相依。從此以後，他的世界，再也與你無關；而你的世界，他也沒資格參與。將來，你的回憶裡或許還會有他，但不再有愛情了。

愛情，是如此美好，卻還不是最重要。若被愛情撂倒了，就試著從人生的另一端爬起來吧。

或許你會問我，要怎麼才能很快走出失去愛情的痛苦。其實，我並不聰明，也不太堅強，只是習慣怎麼演戲罷了。懂得讓自己看起來精明能幹、成熟穩重，但依舊會被人欺騙；受了傷也會痛，說不定傷口痊癒所需要的時間比你還要久。我會說很多道理，但心裡卻明白很多事情是沒有道理的。但，我可以跟你說的是：我也曾經以為自己死定了，結果到現在卻還活得好好的。所以，你也一定可以的。

會造成他離開的原因有很多，可能是他感到疲累了，或許是他心已不在了，甚至是他覺得自己無法給予你幸福。不管是什麼理由，對你來說，這就像是一種淘汰的過程，不是他淘汰了你，而是他淘汰了他自己。因為他明白自己無法承擔你的好，所以選擇逃離，而你確實也不需要一個總是臨陣退縮、無法堅持的人來耽誤你追求美好的愛情。

對於愛情，無論得到幾次或失去幾次都沒關係，只有願意堅持陪你到最後才是最好的。日久見人心。

路遙知馬力：就算跑得再快、跑得再好，如果跑不到終點，我們只能感謝曾經有過他的參與。

「你是因為他的優點而決定在一起，
但也有跟他的缺點共度一生的準備。
除了懂得欣賞他的好，
也要練習忍讓他的不好。」

我們總是把愛情想得太單純，忘了愛不單單只是邂逅，還有最重要也最是困難的相處。最初相識的時候，我們都會努力表現出最好的一面，隨著時間過去，彼此漸漸熟悉，身上的偽裝慢慢褪落，顯現出真實的一面。那一面可能是很大的缺點，也可能是讓人感到不順眼的地方。接著，你就會認為這個人怎麼就這樣變了，但他其實並沒有變，只是覺得沒必要再繼續假裝了。

愛意正濃時，你只會想著他的好，等到感情轉淡，你就開始一點點注意到他的不好以及與你不合的地方，慢慢發覺那些缺點越來越多，甚至已經壓過當初愛情的美好。然而，這世上本來就沒有完美的人，更別說是完全適合的人，一段感情能夠長久，最終還是得靠彼此的願意包容。

愛情是一種減法，把周圍的人都排除了，最後在你的眼裡只有他，而在他的眼裡只剩下你；而生活卻是一種加法，將兩人原本各自的生活融合在一起，然後不斷在彼此身上挖掘出不同於自己的事物。相處，是一種包容，喜歡對方的優點，也要看淡其他的缺點。

任誰都有弱點與缺點。他懶惰、他膽小、他脾氣大、他小氣、他邋遢、他驕傲、他悶、他性急，或許看在你眼裡會難受，但這些缺點我們也有幾個，對方說不定或多或少也正在忍受著。

要不就全盤接受，要不就是一方忍讓，要不就試著改變。如果試著改變之後，卻發現變得不快樂了，那就別再勉強了。任何的改變與配合，都得在心甘情願的前提下才有意義，否則就是強人所難。

此外，相處久了，彼此的個性會逐漸互補，或者慢慢被對方同化，可能是脾氣不好的更強勢，而脾氣好的變得更遷就。也可能是本來性子急的被拖著拖著變得有點耐性了，而那個慢半拍也被拉著拉著習慣了要快一點動起來。不管是互補還是同化，兩人依然還能走在一起，都是因為其中有一方在努力配合，要不，就是有一方試著包容。

只有不想再努力與不想再容忍，否則，那些所謂的個性不合，通常只是不愛的藉口。

愛情不一定可歌可泣、轟轟烈烈，就是相遇了，接著相愛了，然後期望相守到老。愛不簡單，你是被他的優點吸引，也要有與跟他的缺點渡過一生的準備。除了懂得欣賞他的好，也要練習忍讓他的不好。

愛情，能歷經長久的平淡才是確實的，太多的激情，不是健康的感情該有的模樣。兩個人相處在一起，或許不一定能讓你變好，但至少要保有自己，你不用刻意去扮演任何人，也不必去迎合任何人。各自做好自己的本份，然後願意在平淡的生活中互相看顧，找到最合拍的節奏，好好生活。

個性不合：會用這種理由分手，多數是騙人的，當初決定在一起，他還對朋友說：你們個性可以互補，很好啊！

人生

Life

既然一定要走這一趟，何不選擇自在、甘願的方式？

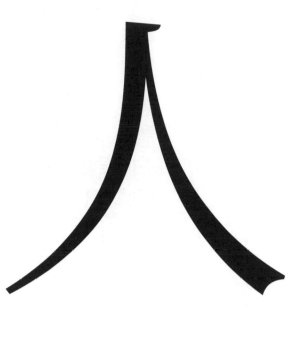

「開心，才是最重要的事情，
選擇讓自己開心的，
做讓自己開心的，
或許不是最好的，
但至少讓你微笑了。」

偶爾，我會收到讀者來信、或線上的詢問，以感情問題居多，也有些是工作上的疑問，還有人際關係上的煩惱。其中，有不少讀者是面臨到不知該如何選擇、該怎麼決斷的岔口。比方說，該不該分手？該選擇哪一個工作？該用何種方式與朋友相處？這類問題往往很難去界定對錯、分辨好壞，或決定優劣，通常我的建議是——不如選一個會讓自己開心的吧！或許你覺得這個答案有些草率、隨便、不負責任，但我卻認為這是當下最容易抉擇的依歸。

選擇「可以讓自己開心的」，就是我在難以選擇時用來下決定的準則。

說實在的，**就算是聽過很多旁人的建議或是從書上看過很多道理，這輩子我們還是會過得跌跌撞撞。如果可以選擇的話，盡量以讓自己最自在、最甘願的方式去過吧！**

生活中我們難免會遇到很多問題，而有些問題彷彿是專為你而來，好像與別人的有些類似卻又有一點不同，所有的情境、條件甚至感覺，不管酸甜苦辣，無論麻痺還是痛苦，只有自己最清楚。別人的建議可以參考，但到底什麼才是正確的，沒有人能幫你決定，唯有你自己說的才算數。

總說「人生苦短」，過日子已經不輕鬆了，何不選擇一個能讓自己開心的決定，即便它或許不是最正確、不是最標準的，甚至不是最好的，但，至少是最不易讓自己後悔的。

有些時候，哪個選項能讓自己開心，我連這個都沒把握了，就會乾脆不做決定，讓它順其自然。**順其自然不代表什麼都不在意，只是很多事情就算在意了，也不會有所改變，既然如此，不如放寬心讓自己輕鬆一點，還比較實在。**「船到橋頭自然直」，我認為這句話挺有道理的，如果無法決定，時間會幫我們做出最適切的判斷，或者到最後會壓著我們做出該做的決定。

這世界會給你很多打擊，這一生也會有很多挑戰，我們有時難過痛苦，也會困惑迷惘，這些打擊與挑戰有大有小、有困難也有簡單，可以勇於挑戰，但不需要事事都得勇敢果斷。假如人生中的大事小事都要去一一在意，很快的，你就會氣力放盡、後繼無力。試著用自己最感舒服的步調前進，用讓自

己最愉快的方式做事，對自己好、對別人無害才是一切最高決斷原則，也是讓你走得更遠更穩的處事態度。

當有一天你能以平常心面對眼前的一切，將會發現生活可以不再過得那麼辛苦，選擇並沒有那麼困難。不是事情變得簡單了，而是你懂得處之泰然的快樂與怡然自得的可貴。你做了讓自己開心的選擇，就算有一段時日過得不順遂，但它終究還是會導向好的方向。

要相信自己、相信朋友、相信情感，也要相信你的未來。

時間：在青春時視為糞土般揮霍，到了中年，才懂得像用錢那樣珍惜。

「我們要學會捨去，
但，如果什麼都想抓住，
到最後反而什麼也留不住。」

或許你有聽過太太到市場買雞蛋的小故事，內容大概是這樣子的……

某天，菜市場舉辦了1元雞蛋的促銷活動，一位太太心想，機會難得一定要好好把握！於是準備了一個非常大的提袋去市場買雞蛋。一到菜市場，太太看到雞蛋就拼命地往提袋裡裝，工作人員苦心相勸：「太太，不用買這麼多，吃不完也是浪費啊！」但她不聽勸，就這樣一直裝、一直裝，裝到都快滿出提袋了，才心滿意足地停止。開心付了錢後，她提起袋子準備回家，發覺太重了，如果用提的話，很容易會把雞蛋弄破，於是她想，用抱的方式把整袋扛回家吧。但實在裝得太滿了，只是輕輕抱起就掉出很多雞蛋，一緊張，一用力，就把袋裡的雞蛋壓破了大半，還弄得全身都是蛋液。

故事裡的太太原本以為能在促銷活動買到便宜划算的雞蛋，卻因為貪心，不僅沒賺到甜頭，還把自己搞得一身狼狽，一點都不划算。

在人生的路途上，難免會遇到不少人事物，需要讓我們去選擇、去取捨。然而，我們能力有限，時間有限，無法全部都做得到，無法什麼都拿得到。如果

勉強自己不肯放手，不只既有的握不住，說不定還會傷了手。

我知道，選擇與放棄是件不容易的事，而時間總是用它「滴答滴答」的聲響提醒我們並施加做決定的壓力。千萬不要妄想可以不做任何選擇，那是不可能的。若只想等著時間為你做出選擇，這只會讓自己失去更多，不如好好學習取捨的哲學。我們要懂得自己能擁有的並不是無止盡，讓有限的光陰在真正重要的人事物上運轉，試著學會捨去，懂得珍惜。如果不放棄次要的人事物，就沒有足夠的時間與精神去珍惜那些最重要的。

我們的一生說長不長說短不短，不應該讓自己的快樂多一點、壓力少一點嗎？當你懂得捨棄某些，就能得到另外的某些；當你懂得不計較，就更容易睡個好覺。不再把生命的線繃得緊緊的，而是變成一條更有彈性的線，來包容人生中的尖尖角角。

一旦明白有進就有出的道理，就會有要「掌握」也會有「失去」的準備；當你知道滿分太不切實際了，有及格就該開心，這樣的人生才有成長的空間。

懂得知足、捨得的你，不只可以過得更快樂，也因為有了彈性，反而讓生命更具韌性。

失去：多數人都不想發生，但總是在發生後才能保有什麼或獲得什麼。

「變老，其實沒有想像的那麼糟，
但也沒有好到值得放鞭炮。
成長的過程都是這樣的吧？
會失去什麼，也會得到什麼，
不論幾歲都一樣。」

你是不是和我一樣，還來不及成熟，就發現自己年紀已經不小了。

我常聽到很多人說：「好害怕變老」。他們害怕外表的老化，可是偏偏細紋的生成、皮膚的鬆弛是無法阻止的，我們能做的，就是延遲老化的速度。但，終究還是會變得老態龍鐘啊，既然一定會發生，又何必要去擔心呢？不如放寬心去接受吧，甚至慢慢學著去享受。

當年紀漸長，有時會回想過去，發現自己對於「成熟」這件事曾經是羨慕的、有憧憬的。二十歲時，覺得三十歲的人知道自己的目標了，感覺他們獨立自主、充滿理想；三十歲時，認為四十歲的人享受生活，感覺他們成熟穩重、值得信任。現在快四十歲了，想像五十歲的人充滿智慧，懂得什麼是「人生」，也能盡情擁抱起落。

結果，全都只是自己的期望與想像罷了。到頭來，我們始終認為自己不夠好。無論年紀多少，每個階段都有它的好與不好。三十歲有三十歲的美好與煩惱，或許你正充滿鬥志在職場上奮力前進，卻不得不面對同儕暗地裡的攻擊與排擠。五十歲也有五十歲的美好與擔憂，也許你終於得閒準備實現年少時的夢想，卻不免要為孩子的未來操心。各有各的經歷，各有各的美好，各有各的學習。既然變老無法避免，最重要的是日子該怎麼過吧？

時光總是不停飛逝。我相信你也會有「不是才剛跨完年嗎？怎麼今年又快要結束了？」的想法，今年的願望都還來不及實現，新的一年就迫不及待地追上來了。正因為我們有著太多想做又來不及做的事，才會懂得珍惜時間，才會承認自己的不足，才會懂得成長的可貴。

變老，真的沒有想像的糟。你會發現有很多原本不懂的事終於懂了，但也有很多自以為早就懂的事其實根本就沒懂。你會發現自己可以從容地處理很多過去不拿手的事，但也有很多從前輕易做得到現在卻變得不敢去做的事。成長，不就是如此？得到了什麼，同時也失去了什麼，不論到幾歲都是一樣的。

年華老去是改變不了的事實，不能成為你失敗或做不到的藉口。很多事情只要願意就能完成、只要有心就能做好。有人五十歲時組樂團，有人六十歲時挑戰馬拉松，也有人七十歲騎著重機環島。**雖然成長並不如我們想像的輕鬆，但請相信：只要好好活著，就會有好事發生。**

或許，我們永遠都覺得自己來不及成熟，那是因為一直以來只看見自己的不足，但，這不就是我們學習與成長的動力嗎？

老化：極少數完全不需要努力就能輕鬆得到的東西。

「其實，我們沒有多餘的時間，
可以浪費在糟糕的人事物身上。」

一生當中，我們會遇見各式各樣的人，有善良體貼的人，有投緣親近的人，有客氣謙讓的人，當然也會有帶著惡意接近的人，鄙夷不屑的人，或不欣賞的人。這輩子，我們會遭遇各種不同的境遇，有歡欣鼓舞的，有值得紀念的，有五味雜陳的，也會有令人難堪或義憤填膺的事。

既然或多或少都要碰上一些不喜歡的、不順利的、不滿意或不開心的人事物，那就盡量別讓自己花費太多時間來批評或是抱怨。時間是很寶貴的，沒有妥善運用就算了，還用來讓自己沉浸在負面情緒裡，一點都不划算，就算是放空發呆，都比你拿來發脾氣還要值得。

時間，是這世上唯一公平對待每個人的事物，它給予我們相同的速度。而我們運用時間的方式與態度，也決定了做人處事的高度。

有人說：「青春是用來揮霍的」。假使你到了大叔我這個年紀，絕大部分的人多少還是會存有「時間未免過得太快」的感慨，雖然不至於到萬般珍惜的地步，但也鐵定不敢再豪氣揮霍。

試著把時間用在能夠帶給自己正面能量的事情上，千萬不要浪費在負面情緒裡。

遇見不好的、糟糕的人事物，難免會因此而悲傷、難過或不安，但一定要記得，不要被這樣的壞心情影響太久，要相信自己是值得美好生活的人。

所有人都希望你開心，不值得為了一個不在乎你的人一直難過下去。所有人希望你歡喜，不需要為了一個不喜歡你的人而沒了自己。所有人希望你順利，不必要為了一個糟糕沒品的人亂了自己的步調。

人生裡還有好多夢想值得你去完成，生命中還有很多人值得你去關心，你的時間應該要運用在那些值得的人事物上。

不必再跟遭遇到的那些不好、不順及不堪苦苦纏鬥，那樣只會在原本的痛苦火上加油，轉身走開吧，將那些不滿轉化成逆轉的動能。有人拖你一步，你就要向前跳三步！

揮霍：一種正在做的時候很爽、事後回想感到懊悔的行為。

「很多時候，你以為跨不過，
其實，真正跨不過的
是『自己』這一關。
唯一會阻礙你好好過日子的，
只有自己。」

通常讓我們過不去的和不開心的，不全是別人，大部分是我們自己。

比方說，你認為這次的表現不佳，應該是某人在扯你後腿的緣故，但會不會是你過於在意那個人，才會導致表現不盡理想？或許，別人真的有對你不友善的時候，但還是因為你對自己缺乏信心，太會容易被外人所影響。做什麼事、說什麼話，都太在乎他人的感受，等於迎合了別人的步調，當然會亂了自己的節奏。你照顧不了所有人的感受，結果只會讓自己更難受。

有時，你覺得沒辦法再繼續前進了，或許是被眼前的難題給團團困住了，也許是被某個人狠狠傷害了，可能是被巨大的失敗重重打擊了，你感到灰心，你沒了鬥志，然後完全失去了動力。你明明知道自己不該喪志，但仍忍不住自怨自艾、自暴自棄……。說真的，我們都知道自己怎麼了，知道自己該怎麼做，知道自己要的是什麼，卻不知為何，還是只在原地踏步動彈不得。

人生中面對最多的敵人，並不是競爭對手，也不是命運境遇，往往是我們自己。遇到低潮或難關，不是我們無法渡過，不是我們不能突破，大部分都是自我設限、看輕自己。你並沒有自己想得那麼差，問題沒有你想得那麼難，處境也沒有你覺得那麼糟。如果你願意，讓自己好好喘口氣，放寬心，靜下來，別再為難自己，或許，一切的煩惱就能慢慢迎刃而解。

不管日子再冷，無論黑夜多長，陽光總會出現。很多時候，當下那個我們以為邁不過去的關卡，經過一段時間再回頭看，原來早在無聲無息中輕鬆躍過了；當下那個我們以為走不下去的路途，結果在調整步伐後也就自然而然地經過了。你可以被別人、被環境擊倒，但你不能被自己打敗。不必時時表現勇敢，但要在必要的時候展現勇氣。無時無刻的勇敢，只不過是讓人嘆息的逞強罷了。**你再站起來，不是要逞強，不是要報復，而是願意相信自己，讓自己可以用最舒適的步調繼續前進。**

不管我們遭遇到何種際遇，無論我們被其他人如何對待，不如回歸到生活上，善待自己。你有義務吃一頓好飯、睡一場好覺，環境的變遷和他人的態度也許我們無法控制，但至少生活是可以掌握的。**對於自己無法掌控的事**

物，可以隨遇而安，但不要阻礙自己好好過生活的權利。無論發生什麼事，請先善待自己、照顧自己。

不要再嚷嚷著「跨不過去了」、「不能再前進了」的話語，你只是一時想不開、放不下而已。願意放下的人，最強大。只要放下了，沒有什麼人、什麼事能夠再束縛你。

扯後腿：一種無聊行為。摔跤趴在地上還不忘用手抓一下路過人們的腳。

「如果暫時還找不到開心的理由，
不妨先平靜面對現況，
幸福終會自己爬上山頭讓你看到。」

我們偶爾會遇到某些不順遂的時候，那些可大可小的不順遂，不管是可預期的或不可預期的，無論是自己造成的還是別人故意的，雖然難免會感到傷心，難免心情低落，但既然都已經發生了，請別再將情緒留下。我不是要你在這種時候「快樂」，那太強人所難，而是請你平復心情、保持信心，且衷心相信著——

不管遭遇多少艱難，經歷多久黑暗，終會有雨過天晴、看見陽光的時候。

很多的不快樂，都是來自於我們有所求，或是我們太在意了。因為有所求，一旦不如己意就會不開心；因為在意，便容易把不開心的點放大。若靜下心想，或許會發現事情並沒有那麼嚴重，就算遭遇到不如意，日子依舊可以過下去，沒有任何人事物是我們一定要擁有才能過活的。

一生中會遇到各式各樣的人事物，有好也有壞，有想要的也有不想要的，有開心的也有不開心的，有善心也有惡意，但我們都得一一面對。大部分是無法避免，有些是無法選擇，而我們能夠選擇的，就是自己要用什麼樣的心態去面對、去渡過。**傷心難過是很累人的，如果可以的話，難過一下就好了，因為你還需要保留很多氣力去迎向接下來的人生旅程。**既然人生總會冒出打擊人的不順遂，只要自己還有答題權，就請好好把握，在不傷害別人的前提下，盡量選擇讓自己開心的答案。

那些避免不了的不順遂與不開心，不妨就坦然面對吧。一時走不出的逆境，也不要逼著自己努力克服，不必想著奮力戰鬥，停止豎起防衛與它共處。很多時候，越是去對抗，只會讓自己更難過；越是去努力，反而更忘不掉那些不開心。會把人生搞得灰頭土臉的，多半是我們自己不知好歹。

「順其自然」應該是你在試著與那些不開心共處時所需要的心態。不強求、不勉強，相信只要認真地做好份內事，不久快樂就會降臨。保持信心，打開心門，快樂自然而然會找上你。

當初以為這個世界就要天崩地裂的事情，在過去之後，你將發現原來都只是庸人自擾的過度想像。

平靜之後，你會發現遙遠的另一頭，有個叫開心的朋友，正向你招手！

雨過天晴：就像是大叔的啤酒肚，都是必然會發生的事，唉。

「一個人的價值，
應該是看他付出過什麼，
而不是最後他獲得到什麼。」

我們常聽到在評斷或介紹另一個人時，人們會這麼說：「他是營業額上億的董事長」、「他是上市公司的總經理」、「他是在飲料店打工的」或是「他是修理機車的黑手，整天弄得髒兮兮的」。人們習慣用收入、地位、名氣或職業來衡量一個人，但我不認為單憑財富的多寡、名氣的大小、地位的高低就能評斷一個人。而你，也不該用這樣世故現實的價值觀來自我否定、衡量別人。

我並不是指賺很多錢、名氣很大的人不好，有如此成就當然值得尊重，但我們更該尊重的是一個人為了目標去努力，與願意為了他人付出的精神。

或許你的家境不好，無法在經濟上支援你，甚至還需要你打工賺錢幫忙養家，但你從不逃避，心甘情願地為家人付出心力與金錢，把守護家人當成自己的責任。這樣的你，絕對比起那些賺很多錢卻自顧自玩樂的人更值得尊重。

在你心中懷有遠大的夢想，可能是成為一位演員、舞者或是演奏家。為了這個目標你必須有所犧牲，長時間的揮汗練習，一有表演機會就不放過，於是放棄高薪的正職工作，選擇工時較彈性但相對辛苦的計時工作。為了朝夢想前進，你願意選擇一條艱辛又不被人認可的路，這樣的你絕對比起那些只想要領高薪卻沒有夢想的人更值得讚賞。

現在的社會，很少人會在意別人付出過多少心血、咬牙硬撐過多少時間，以及重摔過多少次數，只會單憑結果來判斷一個人。就像踢足球一樣，大家只在乎你有沒有踢進球門，大家只在乎結果的輸贏，然後逼得你都忘了小時候踢球的單純快樂。

可惜的是，這樣的普世價值觀無法被改變，但我們至少可以先從自己改變。選擇想要走的道路，然後心懷堅定走下去，不管路途有多麼顛簸難行，依然甘之如飴。除非到了無路可走的地步，否則不要輕易回頭，因為這是自己的選擇。

此外，也不要妄自菲薄，只要你認真對待，只要你抱持善心，只要你願意付出，無論你從事什麼樣的工作或什麼樣的地位，全都問心無愧，你的價值不需別人來衡量，不用拿你的人生和別人相較，因為他的人生與你無關。

一個人的價值，應該是看他願意為了夢想犧牲什麼，看他願意為了別人付出多少，而不是他擁有什麼。如果他所擁有的是不擇手段而來，這樣的人不管地位再高、收入再高也得不到我們的尊重。

別輕易被用數字衡量的價值觀牽著走，只要懷著正直、良善與堅持的心，筆直地朝自己選擇的方向前進，就該抬頭挺胸，因為你從來不會為了成就自我而傷害他人。

標準：向來都是大多數的說得算，不然，我在猴子界也算是帥哥了。

「如果能夠經常說『謝謝』，
表示你是個幸運的人，
經常受到很多人的幫助。」

在前作《致 那些事與願違的愛情》一書出版前，經常會有跟出版社討論、溝通的需要，像是內容、編排、校稿、封面設計、宣傳計劃、還有我最不習慣的宣傳通告等。一本書得以順利出版，這中間需要很多人運用各自的專長通力合作與溝通才能完成。拜網路普及與科技進步所賜，我們在通訊軟體裡設置一個群組以便交流，雖然未必能即時處理，但一有事情需要討論就先丟問題出來，其他人有空就會回覆；或是有什麼新的構想也先丟進群組裡，彼此交換意見，不會等到見面開會時就忘了。雖然少點人味，可是對我來說算是方便的溝通方式。

有一次，我們在群組裡的討論結束後，氣質出眾的美麗總編小花突然丟了一句話給我：「阿飛，別這麼客氣，你實在太常說『謝謝』了」看到這句話，雖然我開玩笑回答：「那是因為我家教好啊」其實，我有點不好意思，也擔心自己會不會讓別人覺得這個人很客套、做作或有距離。

不過，後來回想起來，我的擔心是多餘的。因為我對他們所說的每一句感謝，絕對都是自己由衷的感受，既然是出自內心，不是欺騙，當然可以理直氣壯地說聲謝謝。

我始終抱持著這樣的想法：要在生活中保持平靜放鬆的心態，不只是休閒玩樂而已，最重要的是懂得感恩與珍惜。

《致 那些事與願違的愛情》能夠順利出版，當然要感謝很多人的努力與協助，編輯給了我很多專業建議，為了編排與校對還要經常加班；行銷企劃要犧牲假期陪著我北中南辦見面會，還得在下班後跟我上通告，還有很多朋友願意幫忙推薦與宣傳。如果沒有大家的幫助，就不會有暢銷成績，甚至也不會有這本書的出現了，我能夠不表示感謝嗎？

能夠得到這麼多人的幫助，自己真是幸運的人，也是幸福的人，如果不懂得感激與惜福，很快就會將手上既有的福份揮霍掉。相反地，懂得感激與惜福，就是在延長手中擁有的好運，因為懂得表達感謝與回饋，別人也會願意付出、繼續給予幫助。感謝他人也等於是在幫助自己，正向回饋給別人，別人也會將正向回饋給自己。這不是定律，而是一種人與人之間互動的節奏。不必吝於表達自己的謝意，能夠有說謝謝的機會，那代表自己很幸運能夠得到別人的幫助。有些時候，別人並不是應該給予你協助，也沒有義務要幫忙你，但他們還是願意伸手拉你一把，**被這樣善意對待的你當然是幸運的，我們一時之間無法回饋相對的付出，表示感謝只不過是一種基本的回報。**懂得體恤他人的辛勞，懂得珍惜身邊的善意，當你有了這樣的意識，想必你的生活充滿了美好的回憶。

能說謝謝，是一種幸運。或許，經常說謝謝，我們就有機會一直幸運下去。

幸運：字典的解釋是「意外的機會」或「僥倖」。比方說，你在電梯裡放屁，卻發現大家都在瞪後面的大叔。

「我們可以為自己改變，
但沒辦法迎合每一個人，
倒不如成為自己想成為的人，
還比較輕鬆點。」

雖然年紀漸長，卻認為內心還沒成熟就已經是個大人。但我覺得自己有個地方「長大」了，就是終於可以平靜對待別人的看法，對於他人的誤解也容易釋懷。當我們不再在意他人的眼光、不去迎合別人的喜好，就可以平靜看待別人的想法，生活也會更加舒服自在。

每個人都希望自己能被人喜歡、被人認同，應該沒有人想要被冷落，更沒有人是希望被別人討厭的。所以，為了被人喜歡，我們試圖改變自己，以符合對方的期待；或是為了迎合別人，而放棄自己真正想要的。改變，是成長或重新開始的必經過程。透過改變，可以讓人更好，但未必每個改變都是好的，就算是，那種好也不見得適合你。

那種為了迎合他人而不是為了自己的改變，通常不是心甘情願的，過程肯定不愉快，也很難適合你，最後可能把自己弄得別人不一定喜歡而自己也無法認同。

為了討人歡心，連原本的自己都可以放棄的人，是難以被人喜歡的。如果你不喜歡不自然的人、不快樂的人、為了討好別人可以不要自己的人，當然別人也不會喜歡。為了他人去改變自己一點都不值得，更別為了討人開心而改變自己，除非那個人就是你。

不要擅自與別人作比較，因為你根本看不到「別人」的全部。**每個人優秀的地方不同，不好的部分也不一樣，沒有一個基準。拿別人的優點與自己的缺點相比，一點也不公平。**有些人最大的缺點，就是看不見自己的優點。不如試著欣賞別人的優點，包容他人的缺點，認可自己的優點，也接納自己的缺點。不妄自菲薄，也不高傲自大。學習擴大自身的優點，改進缺點並不容易，但可以讓那些不好成為自己的一部分，然後淡化它的影響。

我們本來就沒辦法讓每個人都喜歡自己，更不可能去迎合每一個人，因為「你」只有一個，無法變出一百個、一千個，甚至一萬個不同的「你」來配合不同人的喜好與價值觀。倘若一直在意別人的想法，永遠也在意不完，一直扮演著別人眼中的另一個你，總有一天會崩潰的。不如在不造成他人困擾之下，做真正的自己，**就算自己根本不確定要成為什麼樣的人，至少可以做**

個原原本本的自己，因為這才是最真實、最舒適的姿態。

或許你現在為了配合身邊的人而感到不快樂，那也無妨，試著為自己而慢慢改變吧。所謂的快樂，不就是我們曾經歷過的那些很多、很多的不快樂所學習而來的。當你能夠看淡別人對自己的想法後，就不再會想去迎合任何人。這樣的你，終究會與快樂相遇的。

迎合：一種自以為這麼做會人緣好，其實，別人也未必這麼想的行為。

「忍耐，聽起來似乎是悲觀的，但我覺得只有樂觀的人才能做得到。」

《倒數第二次戀愛（最後から二番目の恋）》是我很喜歡的一部日劇，無論是故事腳本或演員表現都十分出色。這部戲有個很大的特色，不時安排女主角吉野千明與男主角長倉和平聊天談心，而且一聊就是十分鐘，中間沒有其他橋段或轉場，就是一個單純的場景，兩個人聊著天。這樣的安排看似單調無聊，但每一集兩位主角間的對話所透露出的人生觀，完全擊中我的心坎裡。

比方說，他們說過這樣一段話……

「曾經我也想成為內心穩重、從容不迫的出色成年人，雖然年紀早已是成年人了，卻和當初想像的完全不一樣。還以為成熟之後寂寞的感覺會退卻，其實不是那樣的，而且不是只有我一個人那樣，原來大家都一樣。雖然很不安，也會感到寂寞，卻不會說出口，只是很快樂地笑著，或是很平靜地過著。或許，這就是成為大人的意義吧？」

這部日劇之所以在日本大受好評，還加拍了第二部，是因為他們總能精準描述熟男熟女的內心世界。我想，所謂的成熟與長大，或許可以理解成「更能看淡」或「更能忍耐」吧。我們永遠都會嫌自己不夠成熟，永遠抱著缺點過著日子，無論年紀多大也難免會有寂寞的時候。不過，這就是**人生，或許沒有想像中美好，但也不必太悲觀，我們仍然可以懷抱著各式各樣的煩惱與無奈，試著讓它慢慢變好。就算不能變好，依然可以嘗試忍耐，並且慢慢地習慣。**

生活中的我們總得面對形形色色的人、處理林林總總的事，難免會有情緒低潮的時候，看任何人都不順眼，對任何事都沒興趣。這種時候就要學會轉移自己的注意力，嘗試掙開對自己的束縛。有些事情既然木已成舟，不如讓自己放開心胸乘著船航行吧。你無法改變這個世界，而世界也不會因你而改變。所能做的，就是**忍受這個世界與包容身邊的一切，這並不是悲觀與示弱，你願意去適應、去忍受那些原本你不喜歡的，這種強大，必須是樂觀並且願意相信自己的人才做得到。**

成熟的人遇到困難時不會輕易抱怨，被人誤解時不必多作辯解，有時候僅僅是攤手的動作或是微笑的表情就足以表達一切。所謂的成熟，不是能言善道，可以講出各種大道理；也不是學問淵博，問什麼都考不倒，應該是待人謙和、處事圓融；不一定廣結善緣，但至少不會傷害他人；不一定事事隨和，但能接受他人的意見與包容別人的缺點。

忍耐，並不等於懦弱，反而是人生智慧的展現。忍耐，是一種心理成長的過程，也是一種自我訓練，訓練我們日後可以平靜看待那些不愉快與不順心。

如果你總是動不動就生氣，可能是你不夠寬宏大量；如果你經常感到憂鬱，或許是自己不夠豁達大度；如果你容易嫉妒，也許是你不夠相信自己。你我都不完美，試著包容別人與自己的不完美，也要忍耐生活中的不順遂與不愉快，最後成為未必出色但值得稱許的成年人，我想，這就是生命給予的意義之一吧？

懦弱：不是「做得到而不想做」，而是「應該做卻不敢做」。例如：不想玩高空彈跳，不是；遇上麻煩就躲，這就是。

「要相信自己，
只要好好的過日子，
就能期待會有好日子。」

我自己很喜歡這句話。這陣子在回答讀者來信時，經常會把它放在信末結尾來鼓勵對方，在寫這句話的同時，彷彿自己也被激勵了，在我心中已經是可以拿來當成人生座右銘的地位。

心中念著這句話，期許自己可以渡過眼前的困頓與難關，但又不需要過份拼命，不用太過積極，只要認真、安份地做好份內該做的事，好好吃飯，好好休息，好好珍惜身邊愛你的人，自然就能擁有安心寫意的生活。

或許你會認為人生未免挫折太多，人與人的關係複雜難懂，好似光是想到「生活」就是一件辛苦的事。但，又有什麼人過日子輕鬆了？無論是什麼身分、什麼地位或什麼環境，都會有各自的難題與煩惱，同樣要面對生老病死，擁有相似的喜怒哀樂。在這個社會上，能夠好好地過日子就是不輕鬆的事了。生活確實不容易，但擁有快樂卻可以很簡單。知足，就是一種最簡單的快樂方式。

通常我們遭遇到的打擊有兩種：一種是自己造成的，另一種是別人給予的，然後自己又再擴大。大部分都是我們不知好歹、不自量力，才會讓自己身陷不順與不堪，怨不得人。人在江湖，身旁難免會出現懷抱著惡意的人，或是無意傷害你，之後卻選擇逃避的人，不論是在什麼場景下造成，**他們給予的傷害都是有限的，唯自己給予的痛苦才是無限的。**

你我多少都有被人傷害和傷害他人的經驗。有些人會被以往經歷所束縛，不斷回想起那些不堪，陷入痛苦的迴圈；有些人卻懂得放下，也懂得避開再度受傷害，以及不小心傷到別人的機會。那些不堪與痛苦，一次就夠了，為何要讓自己一直去想，不停地自我懲罰。**要放下，真的很難、試著將那些事與願違轉換成生命中的養分，你值得過得更好，只要你願意放過自己。**

有些麻煩事，好像特地找上門似的，有些則是其他人好像也會有，一旦細究卻又不是那麼相似。面對這些問題的感受，不論好或不好，暢所欲言或一言難盡的，只有自己最清楚，旁人無法體會，當然也無法幫你分擔。但，你不需要別人過多的參與，你需要的是更相信自己。存一個信念，相信一切都會好的，即便不是在今天，只要能好好的過日子，總有一天會好的。

你現在為了生活困境與打擊所做的一切，都是儲備將來的能量，撐過去了，就會變得更強大。當心變得強大，自然能夠更加從容地面對未來的難題，更能輕鬆地過著知足常樂的日子。

過日子：有些人天天像在過生日，有些人偏偏天天搞得像在過忌日。

「偶爾也要做一些沒營養的事、
聊一些沒營養的廢話，
因為我們的快樂
大多都是來自這些。」

除了工作之外，我最喜歡做的事就是「放空」了。「放空」是好聽的說法，另一種說法叫發呆。一個人呆坐著什麼都不想、什麼都不做，讓自己暫時當個沒靈魂的空殼，或是一根軟爛的廢柴。聽起來好像在浪費光陰，在做一件非常沒有意義的事，但在那一段拋開所有思想的時間裡，對我而言，是讓自己身心最舒服的充電方式，也是一種讓情緒轉好的特殊儀式。

當工作或是會議的氣氛已呈現出忙碌、緊繃的狀態時，我會講一些無關緊要或輕鬆的話題，稍微改變當下的氛圍。長期處在壓力下是不會有良好的工作表現，不管是創意的發想還是任務的執行，若不適時舒緩緊張的情緒，只怕成效不佳，還很容易發生錯誤。我不是個風趣幽默的人，但我偶爾會在工作中開一點小玩笑，自嘲也好，耍冷也好，裝笨也好，或許感覺不正經、沒意義，但讓別人笑了，自己也得到了放鬆。

遇上苦悶難過時，我最常用「看無厘頭電影或搞笑綜藝節目」來調適心情。搖滾天團五月天有一首歌名叫「傷心的人別聽慢歌」，確實就是如此，都已經夠傷心了，還要聽弦律憂傷的歌曲，豈不是自虐嗎？已深陷低潮，想爬出去都來不及，結果還逼著自己去感受悲痛，是非得把自己的情緒壓到谷底去不可？不如去看搞笑節目，就算是荒唐誇張、內容沒有營養的都沒關係。這時的我，不需要營養，需要的是注意力的轉移、心情的轉變，這樣就夠了。

不管是放空，還是說廢話，或是看搞笑節目，淨是一些沒營養與沒意義的事。**不管是否有意義，只要是你想做的，它自然就會被賦予某種意義了。**

為了自己的人生目標，為了親人的期待，為了讓你愛的人快樂，無論嚐過了多少苦、掉過了多少淚，受過了多少委屈，你都咬著牙撐過，但生活不該只是拼了命苦撐，也不該是頭也不回地猛衝，應該要像跑馬拉松一樣，不斷調配步伐與速度，才跑得長遠。

生活就像一條橡皮筋，不能一直繃著它，更不能一直想撐開它，總要適時鬆開，才能保持彈性不會斷裂。

就算是拼了命去衝刺或是用盡全力去攀爬，夢想也非一蹴可幾，眼前依舊有蜿蜒的道路、險峻的高山，一定要保留氣力繼續前進。如果可以的話，在快接近發瘋的狀態前，擠出時間做一些讓自己開心、舒服的事情吧，或許看來沒營養或沒意義，卻能為人生補充養份與精力。

營養：在攝取的過程中，也會吸收到某些非必要的，才能保留住那些必需的。

「既然時間就是金錢，
你何不珍惜它
讓自己變好野人。」

你可能聽過這樣的話：「你所浪費的今天，是昨天死去的人奢望的明天。你所厭惡的現在，是未來的你回不去的曾經。」

我們經常感嘆著：「啊～還有好多事想做、還有好多地方想去」可是，依然沒有採取行動，而且大部分根本不是在抱怨，而是一種自我安慰，只是想表達有在自我反省罷了。

我也曾經是這樣的人，一邊感嘆著，一邊喝著咖啡，或者一邊感嘆著，一邊賴著床，老是在感嘆著，卻沒有任何作為。直到後來，認識了一些人，他們的做事態度與人生觀深深影響了我的想法。

有位長輩，白天在公司忙進忙出的，晚上回到家還要照顧家人與小孩。但當他說要開始運動，就真的抽出時間身體力行；當他說要經營副業，便親力親為地規劃與實行；當他說要準備出書，結果寫書的進度，竟然比我還快。

有個年輕人，他的夢想是「帶著國旗與台灣三太子行遍一百個國家，讓全世界認識台灣」，雖然只是個學生，沒有多餘的金錢，擁有的只有時間而已。但他並沒有將時間浪費，到處找人贊助費用，逐步完成自己的夢想，現在已經在七十幾個國家插旗了。

夢想之所以是夢想，正是因為它的遙不可及。有人願意去實踐、去突破，讓夢想不再只是空想，而是一種足踏實地的目標。

感謝他們影響了我，或許還沒有辦法像那位長輩非常有效率地利用時間，但至少我懂得「今天不做，明天要做的事就會更多」的道理。該做的事就要盡快完成。別以為今天能拖就拖，這只會讓日後的自己更累。也許還沒有辦法像那位年輕人那樣有行動力，但我不再拿沒時間當藉口，一件事真的想做，一個地方真的想去，就一定要達成，只是時間早晚的問題而已。

好好把握自己的時間，珍惜每個當下。時間之所以寶貴，是因為它可以讓你做到很多事、認識更多人或欣賞更多景緻。千萬別以為「不浪費時間」就是一定要做正經嚴肅的事，不能放鬆、休息或玩樂。**玩樂，不等於浪費時間，**

所謂的浪費要由你來定義，時間終究是自己的。

年輕時，總覺得時間很多；現在一看，根本沒有多餘的時間可以浪費了。當你找到了相愛的人或想做的事，你就會發現這輩子太短，時間根本不夠用！

好野人：大部分是不會炫耀且讓人看不出來的，因為他們懂得珍惜有價值的，才會成為這種人。

夢想

Dream

之所以很遙遠，那是因為我們都只是在想而已。

「凡事別說死，
沒有嘗試，
我們永遠不知道前面等待的，
是希望還是狗屎。」

有時候，讀者會問我一些讓人壓力很大的問題。比方說，就業的選項、未來人生的方向，或是該跟A男還是B女在一起。我很清楚，這些問題早已將他們困住不知該如何是好了。可是，說真的，這麼重大的問題，連跟你推心置腹的至親好友都不能幫你決定了，更何況是我們這些無關緊要的外人呢？正因為那是自己的人生，你得為它負責。

有些人之所以詢問意見，只是因為不想自己承擔做決定的責任。選擇的那條路是否正確，有人可以陪你走一段，但不可能為你走完全程，唯有自己才能深刻體會。若是心生畏懼而不敢踏上，將永遠都不會明白前方等著你的，到底是什麼樣的風景、究竟是成功還是失敗。這輩子需要我們選擇的時刻有很多，而老天往往會一再拋出選擇題不停地刁難我們，你這次不做決定，下次一樣得面對，不可能永遠逃避下去。不要害怕選擇，而是要有犯錯的準備與勇氣。

你只需要幾秒鐘的勇氣，就能選擇屬於你的人生道路了。不敢犯錯，但也可能會錯過那些原本屬於你的美好，有些岔口看起來很可怕，但是等你踏出去了，才發現根本是自己在嚇自己。有些路確實很崎嶇、很遙遠，走下去會很累、很苦，但撐過去的風景，可能是美好宜人的海闊天空，又或是心神嚮往的魔幻時刻，寧可試試看，也不要因為不曾經歷而後悔。

人生不是數學算式，也沒有標準操作手冊，因此，沒有什麼絕對的解答，更沒有任何不變的真理。就算聽過無數次前人經驗相傳的道理，受過多次結果不如預期的教訓，我們還不是依舊犯下不少錯誤？不需要感到害怕，因為錯誤是最好的教材。不要預設立場，不要還沒開始就先認輸，你並沒有自己以為的那麼不堪一擊。就算是受傷了、被擊倒了，依然能夠歪歪斜斜地爬起，退回原點養好傷，準備好再重來一次。

這輩子總要有出現幾次選擇的勇氣，如果連自己的人生都不敢背負，你還能給別人幸福嗎？我們從不責備自己虛度了光陰，不願努力而浪費了潛能，沒有膽量去決定明天的未來，沒有鐵了心去實踐最初的夢想，而是只會一直怪罪環境、依賴別人、抱怨命運。

因為我們總是什麼都不做，所以才會一無所獲，因為我們總是懷抱著夢想，卻原地踏步。沒有去經歷，自然不會有所得。就算失敗了，也不會徒勞無功，總是能學到什麼，是這些失敗奠定了未來的我們。

願意踏出一步，勇敢做出選擇，你的人生才有機會出現令人驚喜的轉折。

選擇題：不要覺得討厭、痛苦，你該慶幸至少還可以選擇，而不是叫你做申論題！

「如果還不知道下一步該往哪走，
那就先把眼前的這一步穩穩踏好。」

有些人喜歡深思熟慮，很多時候會想得很遠、思考得很深、做事情很有計畫，這通常被視為一種優點。可是，眼下的事情都還沒做好，就開始煩惱以後的事，是不是考慮得有點早了呢？這也可能會影響到現在應該做好的事。事情能夠預先設想，當然是好事一件，或許可以預防做錯一些事，卻也容易錯過原本該屬於自己的機會，甚至拖延了完成進度的時間。

多思考原是好意，但怎麼結果往往卻都是壞意呢？這都要歸咎於我們太過鑽牛角尖、把事情想得複雜、把問題放大了，然後引發自己的三心二意，對於下一步舉棋不定。過去的我，也很容易不知不覺地陷入這樣的處境，直到後來慢慢了解，想這麼遠，想這麼多，反而是自己嚇自己。若真的不知下一步該往哪裡走，不如先完成眼前的事情，走一步是一步，不需遲疑，只要保持前進就夠了。要相信自己的能力，對自己的選擇有信心，做好今天的事，就能好好期待明天的到來。

現在的你可能過得不開心、不順心，等到日後某天回想起來，你現在所承受的不過都是過去的優柔寡斷所造成，不要再用猶豫不決的態度去面對接下來的人生，從現在開始，把握所有可以改變現況的機會。如果繼續用同樣的方式與態度去面對，你將永遠無法翻身。你可能還是會說：「這好難啊！」但現實教導我們，**不改變就是等著被生活給打倒，無需特別的理由，讓你與身邊的人獲得該擁有的平順，這就是你要改變的基本理由。**

再怎麼費盡心機，再怎麼深謀遠慮，再怎麼精算規劃，未來的路也不一定能排除萬難。隨時會有偶發狀況、嶄新的難題，這才是真實的人生。任何的妥善計劃永遠跟不上它的即興演出，能走一步，就先穩穩踏好那一步，那才是平實的做法。

道路不會一直順暢無阻，生活不會長久平順無事，人也不會永遠一成不變。這條路上會有很多阻礙與關隘，想要盡快跨越它，最佳方法並不是去強攻突破，而是試著調整方向與自己的心態。不要一遇到崎嶇，就停下來抱怨，難道只要罵一罵，人生就會立馬平坦順暢？何不轉個彎避開它。如果發現一切並不是自我調整就能解決的，那就另闢蹊徑，或許繞了一條較長的路也無妨。

前方的道路或許還在施工中，換個角度想，耐心等它鋪好路，之後會更好走。

翻身：不是經常有機會，如果有，請好好把握；不然，你就要先成為鹹魚才行！

「追求夢想，絶不是等待風雨過去，
而是要學會迎風向前。」

即使是安分守己的過日子，仍然會遇到不如意的事、不喜歡的人，更何況是你在追求夢想的過程中，鐵定會遇到更多的不順遂與艱難，以及帶著敵意與奚落的人。這些打擊與惡意總是突如其來，讓人防不勝防，既然不能每次都避得開，不如試著挺身面對。

我們無法控制外來的打擊與惡意，而是要懂得讓自己堅強起來，就算做不到逆來順受，也要能從容不迫地應對。不要介意被否定拒絕，不要介意被冷落輕視，不要害怕突然的困境，更不要害怕一時的責難，如果沒有那些棘手的麻煩，沒有那些磨人的鍛鍊，我們就會得不到成長，學不會珍惜，看不清問題，自然也就錯失了那些追求夢想的機會。

你用來追求生活目標的時間已經不夠，無法再浪費時間等待逆境過去，反正人生裡的順境從來就不多。與其等待，不去面對，不如嘗試逆風前進，或許速度緩慢，也許進了兩步退了一步，只要還能撐得住，都勝過原地不動。**風雨中，你越是站著不動，反而更加危險、更容易被吹倒。**

這些迎面而來的攻擊，永遠不嫌少，就算你什麼都不做，那些惡意也不會輕易放過你。既然如此，不如持續朝夢想奔跑還更實在，說不定跑著跑著，那些想拖住你的干擾都會被一一拋在身後。在追求夢想的路上，不要理會那些冷嘲熱諷，停下來吵架，還是回頭解釋，都只是浪費時間而已。

不管追求夢想的路有多長，不管你能夠前進的速度有多快，不管你背負的期待有多重，你只能一股作氣地，不停向前跑。**就算想哭，在哭泣時也要持續向前跑，跨過那些阻擾的坑洞，超越那些只知嘲諷責罵的人，你才會距離夢想的終點再近一些。**

我們會不斷遭遇這個世界所給予的打擊，無論是突如其來的，或是預料得到的，身上的傷、心裡的痛，固然難過，但它總會有癒合的一天，終將成為滋養我們人生、追求夢想的力量。試著在困境中前進，在打擊中堅強，心中抱持著「一定做得到」的信仰。等到有一天，自己能夠笑看這一切，追求夢想不再是挑戰，而是像每天必做的事，這樣的你，必定能夠從容地向目標邁進。

現在的你，正在朝著目標奮力奔跑嗎？一路上肯定會出現不同的阻礙，還會出現討厭的人，但要相信自己可以突破，繼續在逆境中向前。一旦風雨停止了，你將會奔跑得更快、跳得更遠。

風雨：雖然很煩人，但是除非停賽了，否則，你有看過因刮風下雨而停下來的馬拉松選手嗎？

「不要嘲諷那些勇於追夢的人，
能夠發光發熱照亮我們的，
就是勇敢的他們。
用正面的態度去看待別人，
我們才能成長。」

把遙不可及的美夢轉化成一個有機會實踐的目標，是多麼不簡單的事。不安於現狀，為了實踐夢想願意去嘗試的人，非常值得我們尊敬與支持。或許，那些勇於追夢的人所做的改變與犧牲看似很傻，可是要去成就一件不可能的事，本來就需要一股傻勁，只有嘲笑他們、挖苦他們的人才是真正的傻。

很多事情，你不希望別人對自己做，你自己也不該做；很多話，你不希望別人對自己說，你自己也不該說。不一定事事公平，但請相信，始終用負面角度看待一切，自然也就看不到正面的事物，於是只會被負面的事物對待。或許，這也一種公平。往往讓你感到不開心的，不一定是其他人造成的，很可能來自你自己。

最糟糕的是：看不到自己的懦弱，卻也見不得別人的好。

千萬不要因為自己做不到，就希望別人失敗。無法完成或做不好一件事，那只是一時的；見不得人家好，那才是做為一個人的真正失敗。有容納他人比自己優秀的心胸，對於別人的努力能夠給予祝福，擁有這種氣度何其偉大。

即使他為了某種緣由而無法完成眾人期望的夢想，但也是達成另一種成功，那是做人處事的成功。

老是浪費時間在背後說別人壞話的人，就只能永遠躲在陰暗角落，一輩子也追不上他人的步伐。

沒必要在他人面前一再展現尖酸刻薄的模樣，如果連你自己都討厭被這樣的對待，你只會讓自己被身邊的人更加討厭。很多人辛苦付出，不求實質的回報，只求自己在乎的人一個笑容。如果，你身邊有這樣的人正在努力著，請不要吝於給他一個微笑。

做好自己的本份，也要祝福別人的勇氣，不要去嘲諷那些勇於追夢的人。有人因為能安於現狀而自鳴得意，但最後能夠發光發熱照亮我們的，就是那些比我們更加勇敢、更具能量的人。用正面的態度去看待一切，讓別人成長，我們也才能成長。

善意去對待身邊的人，有天，當你腳步踉蹌時，他們會立即扶你一把。**當你有正面的付出時，別人也會願意成就你的夢想，這不是現實，也不是利益交換，而是對彼此協助的一種正面回應。**

正面思考：譬如說「失戀了，可以想成不就是丟掉一坨垃圾嗎」的心態。

「生命中有很多可能，
但如果全都只是停留在可能，
那就是可惜了。」

我們常聽到「生命擁有無限可能」，它代表著要對自己抱持信心，要相信人生不會被侷限在既定的框架內，只要願意行動，我們就可以突破自我設限，擁有不可限量的各種可能性。

光是想著自己的生命將充滿無限可能，那是多麼的美好，但只擁有可能性是不能成事的，最好得想辦法讓可能性成真才行。就像你手裡拿著鑰匙，若是沒有它能夠打開的鎖，它就不算是鑰匙，只是一塊沒有用的廢鐵。擁著各式各樣的可能性，看似什麼都做得到，卻什麼也沒有做到，徒有那些「可能」也只是枉然，只會讓人感到惋惜，還不如不要擁有。

就算得到了契機與方向，還是必須起身執行，讓某種可能轉化為真實。不願去行動，不想去實踐，只會辜負上天給予的天賦與好運。我們都太習慣等待，執拗地以為等待是好的，等待自己的成長，等待別人的協助，等待更好的機會，等待眼前的困頓遠離，原本美好的光陰就這樣一點一滴地被「等待」給消耗殆盡。

或許對有些人來說，「不停等待」只是單純的想逃避，只是不想多作努力。我們都知道生命有著無限可能，當然也很清楚，人生充滿著各式難題，於是有些人選擇投機取巧，不行動就不用面對，不打破現況就不必承受挫折，寧願等待，挑選一條最輕鬆的捷徑走。雖然那樣的想法並沒有不對，只是對於人生來說，真是可惜了。

別太小看人生，就算你一直等待著，就算你什麼都不去做，別以為就不用面對人生給予你的考驗。**沒有什麼困難是絕對可以躲開的，也沒有什麼難題是肯定解不了的，與其被動地迴避困境，不如主動去發現自己擁有的種種可能。**當然你會遭受到很多迎面而來的打擊，也會面臨接二連三的挫折，但只要克服了那些艱辛的過程，實踐了那些可能性，之後再回想，便會了解所有的苦都是為了讓你能夠品嘗甜美的襯托。

請好好把握擁有的機會與時間。就算是世上最美好的夢，過去了，也無法再重溫一遍；再困難的事，過去了，同樣再也回不來了。不必憂心，不必猶豫，更不必逃避，你只能活這麼一次，如果什麼都不做，那就可惜了。想要欣賞更多、更美好的風景，唯一的辦法就是讓自己繼續向前。你的人生不該浪費在等待上。

投機取巧：做這種事的人自以為賺到了，其實，反而賠慘了。

「過度考慮他人的看法，那是一種對自己的不認同，當你思考別人會怎麼想時，同時間，你也失去了自己。」

身旁總會有很多人給予你各種善意的建議，在家有父母或兄弟姊妹，在學校有老師及同學死黨，出社會工作後有主管、同事及好友。一旦迷惘或困頓時，他們都願意分享自己的經驗與想法；當你舉棋不定的時候，他們也會主動提供該怎麼選擇的意見，甚至直接為你做決定。

隨著時間推移、經驗的累積，有些人開始懂得如何權衡好壞得失，懂得照顧自己。慎選並善用別人的建議，對於選擇的道路貫徹到底，錯了就自己負責，大不了再重新走一遍。然而，總有些人在成長過程中早已習慣別人給予意見，讓別人來為自己做決定，就算決定是自己做的，也會先考慮別人怎麼想，而不是自己。表面上，看似尊重他人、體恤別人，實際上是一種不負責任的依賴，也是對自己能力的否定。

所謂的成熟，應該是可以無畏地面對自己的理想與決定。你可以沒有理想，卻不該不敢下決定。在選擇自己想走的路之前，你可以猶豫，你可以擔心，你可以害怕，你可以請教意見，但最後絕對不要是為了別人、顧慮別人才做出決定，那樣的選擇不會是你真正想要的。於是，你有了失敗的藉口可以賴給別人，卻沒有破釜沈舟的決心去堅持到底。你該決定自己的路，並且試著堅定、不放棄，這樣，即使最後失敗了，你也才不會後悔。

有些人並不是愛依賴，也不是不敢負責，只是行動前習慣深思熟慮，可惜比例沒抓好，想得太多而變得優柔，一下子擔心別人對自己的看法，一下子害怕自己受傷，結果只是困在一團如亂麻般心神不寧的思緒中，什麼也做不了，動彈不得。不妨試著以平常心來面對吧，**與其多操心，不如讓自己少根筋，心情一輕鬆了，反而可以更豁達地看待生命中的錯誤與失敗，也才能堅持自己的選擇勇敢向前。**

要實現自我的理想，最重要的是你不再為了別人對自己的看法而感到心慌，當你能看淡那些對自己的質疑與不友善，就能去做那些自己真正覺得美好的事、選擇那些自己真正認為最適合的道路。

當你不再依賴別人的肯定與外來的恭維時，你將發現自己不再被制約，內心也更加自在舒適。

建議：對他們來說，絕大部分都是出於好意，但對我們來說，往往已背離本意。

「真實人生比戲劇還誇張，
因為無論多麼荒腔走板，
都要繼續下去，
不能重新再來一次。」

前陣子，朋友分享了這段話：「人在一生中會長大三次。第一次是在發現事情原來不是非自己不可的時候。第二次是在發現即使再怎麼拼盡全力，終究還是對事情無能為力的時候。第三次是在明知道事情也許會讓人無能為力，但還是拼盡全力爭取的時候。」

這三次的成長，前兩次都算是認清這個世界，一次是認清自己，另一次是認清現實；最後一次則是認清這個環境，之後不是選擇放棄、不是輕易妥協，而是要繼續下去，盡全力改變許多不易改變的事。

「人生如戲」，確實是如此。那些如戲的情節都是由不同人的人生經歷去編寫，所以故事才會如此扣人心弦，令人感觸良多。實際上，真實的人生片斷比起八點檔連續劇還要高潮迭起、錯綜複雜。劇中的反派角色陰險可惡，讓人恨之入骨；現實生活裡，我們會遇見更多唱反調、唱衰的人，他們醜惡的心態與討人厭的嘴臉絲毫不遜色。在真實人生中，我們所遭遇到的挫折與阻礙，過程的急轉直下，遠比劇中情節還更轉折、更加精彩。

只是，**人生無法輕易地喊卡就卡，再怎麼出錯，再怎麼困離，再怎麼艱苦，不論你扮演的是什麼樣的角色，都得繼續盡好本份演下去，因為唯有你才能擔得起這齣大作。**

或許你早已經認清自己，也認清這個世界，並且以為自己可以演好人生這場戲，於是故作堅強，習慣一個人面對所有，開心地與身邊的人相處，放肆地跟死黨狂歡……但，那不過是一種偽裝，而且是很爛的偽裝，那是不知道自己究竟要的是什麼的人才會演的戲。

真正要扮演好「自己」這個角色，不必扭捏作態，不用自我麻痺，而是要放開心胸面對生活中的一切，不去迎合，但願意改變錯誤的部分；不逃避，但也懂得不鋒芒畢露。

生命裡的每段情節，難免會給我們不同等級的各種打擊。就是因為有波折，故事才會動人心弦。會有使盡手段想要擊垮你的壞人，當然也會有願意伸出援手的好人，遇到壞事時千萬不要灰心，做好自己該做的事，走好自己該走的路，好事自然會降臨。

不管是多麼荒謬的人生境遇，當有一天你能夠心平靜和地演完這齣戲，你也就清楚任何事都不可能有真正完美的結局，再怎麼灑狗血的情節也無法再撼動你一分。

無論什麼樣的戲劇或故事，都會有反派角色，只是或多或少，以及究竟有多壞的差別而已。那些對你冷嘲熱諷的人總是會出來跑跑龍套。請盡量看淡那些無聊的惡意，不要讓自己配合別人演了那齣無聊的戲。

芭樂劇：你以為穿越劇已經夠瞎了，他們還能搞出穿越劇裡的穿越劇、穿越劇裡的穿越劇裡的穿越劇。到最後，看戲的我們都搞不清究竟到了第幾層的夢境了？

「你奮戰的對象
不是任何人也不是命運，
而是你自己，還有時間。」

當你想要達成目標，想要朝夢想前進，或者單純想要做好一件事，都會遭受不少阻力，也會碰上很多攪亂，以及聽到不認同的聲音。只要內心堅定信念，能夠無畏地面對困境，那些阻擾與問題終究可以迎刃而解，那些誤解你與不認同你的人最後就算仍然不能改變，也無法阻擋你前進的步伐。

他們並不可怕，真正可怕的對手是我們自己，以及不斷流逝的時間。

任何問題都有可能解決，任何難關都有可能跨越，但前提是不能放棄自己。一旦沒有了前進的慾望、成長的動力，那就像是沒有汽油的跑車，即便它本身性能多麼優越，沒有了燃料，那也只不過是徒有其表的裝置而已。任何人都可以看輕你，任何人都可以放棄你，唯有你自己不可以，你得為自己加油，否則，一切就戛然而止。**世上最可悲的莫過於比賽還沒結束，自己就先認輸了。**

你不需跟其他人比賽，因為你前進的方向或許從一開始就跟他們不一樣，你需要的，只是堅持自己想走的路，持續做自己應該完成的事。至於那些喜歡抨擊你或質疑你的人，就請無視他們吧，何必浪費時間去做無謂的爭辯。時間，是我們永遠也無法超越的。偏偏我們又太容易習以為常，總以為時間還很充裕，好笑的是，當日子一天一天過去，彷彿一切都沒有變化，但只要回頭細看，不少人事物早已改變，再也回不去原本的樣貌。不妨將手邊的時間視為你所剩無幾的最後幾分鐘，這樣的你就會好好運用，把它用來做想做的事，陪伴重要的人。把時間浪費在讓自己不開心的事、面對那些討厭的人，才是最可惜的。

如果你正向著自己的目標邁進，已經在路途上的你，可以喊累，可以求助，但請不要輕易放棄，不要當一個半途而廢的人，否則，過去曾經努力的時間全都白白浪費了。或許，最後沒有達到預期的結果、完成夢想，但肯定也會在這趟旅程中有所收穫，還可以在那些看衰自己的人面前抬頭挺胸，因為我們從不放棄、從不認輸。

只要是能夠前進的路都可以繼續走，沒有什麼關卡能阻擋得了你。那些美好的人事物過去了，怎麼努力也無法讓時光倒轉，但時間是公平的，那些不堪的人事物，過去了也同樣不會回來了。

無論如何，我們都會被時間推著向前走，既然不能回頭，何不昂首踏著最舒適的步調繼續吧！

命運：人人想改變卻個個沒把握。不如先改變自己比較快。

「做你真正喜歡的事，
才會做得出色、做得開心、
做得長久。」

曾聽過已為人父母的朋友說著這樣的比喻：「當抱著自己的孩子，就算抱再久，也不覺得累。若換做抱著相同重量的石頭，我可能撐不了太久。」

明明是做相同的事，但結果卻不相同，那是因為心態的改變。因為愛著自己的孩子，即使承受同樣的重量，仍能撐得更久。

將這個概念套用在人生一點也不違和。若是不喜歡的事，就算再有天賦、有能力，也不一定能將這些事做得很好。若是做著喜歡的事，結果往往好到讓你瞠目結舌。因此，當一個人一直沒有做出理想的結果，不一定是能力不足，很可能只是因為不喜歡。

在我認為，所謂的成功，並非單單是指達到某種成就，或是得到很多物質，而是能夠做自己喜歡的事，讓自己成為自己喜歡的人。

如果現在的你做得不快樂，一直做不出成績，也不能做自己喜歡做的事，請不要怨天尤人，你要檢討自己是否沒為自己的喜歡挺身追求，沒有為自己的快樂做出關鍵的選擇。在你的人生道路上，決定結果的不是命運，而是你自己。透過一步步的努力，以及一次又一次的選擇，一定能組合出你真心想要達成的夢想。

能夠選擇的時候，當然要選擇做自己真心喜歡的事。而你的夢想應該也是你喜歡的，因為喜歡，才會願意朝著目標一路披荊斬棘，就算沿途充滿了障礙也能甘之如飴，就算快要筋疲力盡，還能笑著撐下去。既然是自己的人生，為了不後悔，在不傷害他人的情況下，努力去做自己喜歡的事，為人生留下精彩的回憶吧。

夢想，不是人生口號，而是一種生活態度。你不能喊著想做某件事，卻背道而馳地去做其他的事，而且還是自己不喜歡的。**所謂的理想與目標，靠的是自己的選擇，以及選擇後的堅持。**別把自己不能成事的責任怪罪到他人身上，所有的結果終究要我們自己扛，不要過度依賴其他人的協助，不要害怕去做不熟悉的事。一旦做了真正想做的，你的潛能自然就會發揮出來。

目標，是自己的設定；努力，是自己的付出。同樣一條路，有人想散步，有人想奔跑，有人想騎車，沒有人規定要用相同的方法，那只是個人的選擇。即便不同的選擇會造成不同的過程與結果，但仍不保證誰的方法一定正確。

唯有選擇你真正喜歡的，對你來說，才是最好的。

甘之如飴：即使很辛苦也心甘情願，還經常被說：「這傢伙大概有病吧？」的一種狀態。

「為了目標奮力前進，
不要因為一次的挫折便放棄，
你的人生
不該是『半途而廢』四個字。」

雖然說，人生從來就不是只有一條路，萬一現在走的路行不通了、走不下去了，不妨試著換一條路走，或許最後的終點會與你當初設想的不一樣，但終究還是走過來了。也不要抱著反正還有另一條路可走的心態，就認為可以輕易放棄現在的選擇，因為選擇並不會永無止盡地提供，你終究還是得選定一條路全心全力去走完。

本來就沒有哪一條路是好走的，沒有什麼理想是容易完成的。如果你動不動就想放棄，或許是你正在進行的並非真正的夢想。**真正的夢想，即使只要有1%的成功，依然要竭盡全力地去把握，並且拼了命去完成，奮戰到最後一兵一卒。**要對得起自己所設定的目標，沒有好好努力就放棄，那是不夠尊重自己的態度。

任誰都會遭遇到類似的情況，常常搞不懂自己為何遇到打擊，有時堅強有時脆弱。只因我們都不是超級英雄，更不是沒有感官的機器人，無法在每次身受重擊之後都說我沒事，也不能在親密的人背叛或背信時說沒關係。我們只能告訴自己，**再怎麼糟糕的情況總是會過去，絕不輕言放棄，因為一低頭了，夢想就失去了。**

如果有人看輕你，沒必要生氣，也沒必要拼盡全力去證明自己有多麼優秀，這樣做只會累死你。你無法滿足所有人的想法，最好的辦法就是來個相應不理。你的人生不該是為了旁人的三言兩語而活，更不該為了那些看輕你的人浪費力氣。我們只該為自己的理想去拼命。

無論選擇哪條路都一樣，沒有一路是風平浪靜的，但持續朝著心目中的太陽，陰影就會全部落在你的身後。當風雨來臨時，陽光或許會暫時消失，只要堅持著正確的方向前進，陽光終有再次照亮臉龐的時候。試著給自己展現潛力的機會，不去試，你就永遠不知道自己到底能不能做得到。

放棄：認輸或不要的意思。一般來說，男人在床上求歡時比較不易發生。

轉變

Metamorphosis

別為已經發生的事情難過太久，也別為還沒發生的事情一直擔心

「擁抱黑暗就不怕找不著光，
習慣寒冷就不怕找不到火，
生活並不總是盡如人意，
只要相信每一次的過渡，
即使過程狼狽辛苦，
之後都得以安然度過。」

你是否也有過這樣的感覺，好像一切都還好，沒有什麼特別的不順遂，但也沒有真正可以說得上好的地方，不想停留，卻怎麼也前進不了。有時，一切如常，沒什麼不對勁，卻又覺得什麼都不對。

或許是我們對於自身的生活都有一些想像，現實未必如同心中的模樣。有時候，會絆住自己的事物，並不是多麼重要，往往只是日常的小事。然而，生活就是由那些小事一件一件堆砌起來的。生活不會無緣無故就變成了你想要的模樣，因此，我們要試著改變，改變心態，改變做法，才能改變生活。喜歡什麼、嚮往什麼，就要用心感受，盡力追尋。偶爾曲折顛簸，也能自在豁達，偶爾遭受侵擾，也能勇敢抵抗。在努力追尋的時候，盡可能地破釜成舟迎風前行。

即使努力了，也未必馬上有成果，出發了，也未必一定會前進。很多時候，總要先逗留一陣子才會有收穫，甚至可能沒有最好的結果。或許你對於結局感到挫敗，或許你對於分離感到不捨，生命總會出現皺摺，幸好，歲月會慢慢再為我們撫平。

但，別只想依賴時間，什麼都不做，時間並不會幫我們解決任何問題。時間只是會將你原本覺得舉足輕重的問題，變得微不足道，但它依舊存在。能解決問題的，終究還是自己的能力與態度。傷心的感受會慢慢淡去，可是未解的結如果沒有動手並不會自動解開。

日常就是一場華麗的冒險，隨時會有突如其來的挑戰與複雜難解的問題，就算只是平靜無波的日子，也是一種抵抗枯燥的修行。我們在人生的岔路口徘徊，或身陷在窮忙的泥淖裡，那種度不過去的關卡，可能是情感的放不下，也許是慾念的放不開，又或許是單純的智慧未達。

所有明暗的時刻都一樣，好是一種狀態、不好也是一種日子。擁抱黑暗就不怕找不著光，習慣寒冷就不怕找不到火，生活並不總是盡如人意，只要自己相信每一次的過渡，即使過程狼狽辛苦，之後都得以安然度過。

過日子不容易，過去了就過去了，平淡無奇也好，波瀾壯闊也罷，盡量把昨天的不順遂努力活成今天的不懊悔。人生不是現在就已成了定局，還沒有翻到下一頁，永遠無法確定「劇終」的位子；看似故事的結局，有時在下一頁又展開全新的篇章。無論如何，請對將來有所期望，雖然總有人說，期望越高，失望越多。但，我還是希望你能夠快樂、非常快樂。這樣子，即使做不到自己想要的模樣，那也沒關係，至少還有快樂。

破釜成舟：形容一種義無反顧、勇往直前的行為，比方說結婚，比方說另一半在做家事時，你動也不動地繼續打電動。

「快樂是一種心境。
好好對待他人，也好好善待自己，
快樂便會漸漸向我們靠近了。」

我們經常聽到「人永遠不知道滿足」這句話，也時常被問到「你活得快樂嗎？」、「怎麼樣才會快樂？」相信這世上沒有多少人可以篤定地說出自己很滿足、很快樂，我偶爾也會思考這個看似單純卻複雜難明的問題。

其實滿足不難，你一定也有過這樣的經驗，像是上班事情很多、工作很累，讓人想要好好放鬆，於是下班去買份鹹酥雞，回到家開一罐啤酒，大大喝了一口，冰涼又爽口，再配一口鹹酥雞，又香又嫩，頓時身心都被滿足了。又像是你很想要擁有某樣東西，可能價格不斐，可能全球限量，總之，你花了一番心力才終於得到。打開包裝，東西確確實實地拿在手上，在那瞬間，你感到開心又滿足。

我們都滿足過，只是那份滿足無法持續很久很久，一段時間過後，又被另一件令人厭煩、氣憤的事情所覆蓋，也許是一個你盼望獲得的事物或目標出現了，讓我們又有了全新追尋的目標與欲望。不滿足未必是壞事，重點是我們如何讓它成為正面有用的成長動力。社會的進步、人生的成長，其實就是仰賴人們想要追求更美好、更安穩的生活而來的。

我們都知道「知足常樂」，懂得感恩自己目前擁有的一切就能得到快樂。但，知易行難。該怎麼改變自己？

當我在思考快樂這個問題時，會先從心理學去理解，「快樂」是一種感受良好時的情緒反應，常見的成因，包括對生活、安全、關係互動的滿意。快樂與幸福並不完全相同，它們差別在於，快樂常指個人的、短時間的情緒感受；幸福則涉及到與他人長期正面的交流過程，以及對事業、生活發展的美好體驗。

因此，追求滿足與快樂是不務實的，我們真正該追求的是安穩與幸福。並不是指滿足感與快樂是不值得的，而是它們無法持續很久，然而，若能找到讓自己安穩與幸福的狀態，滿足的感受與快樂的心態就可以維持較久。

安穩在字面上的含義是安心穩定，若是以此為基礎下生活，自然滿足與快樂也就不遠了。每個人的「安心穩定」狀態，是不同的。就像我為「安穩」下的定義是，有事可做、有人可愛、有基本的生活品質，沒有大幅的變動，沒有複雜的人際交流。不過，對於有些人來說，他需要做有挑戰的事，喜歡新鮮、有變化的環境，跟許多人交流來獲得能量與養分，在這樣的狀態下，他才會感到安心穩定。

請記得，**人生沒有標準，如果有，那是我們自己的標準。**

從物質中獲得的滿足與快樂通常無法長久，並不是說金錢與物質不重要，物質是我們身心狀態的輔助與動力，是生活品質的基本需求，它比較類似暫時的特效藥，只是我們不能過於依賴物質，過量就像是毒品，會讓你的快樂越來越空虛。

首先，得要認識自己，明白自己真正需要的是什麼，確定自我價值，才能從真實的需求去找到真正的安穩與幸福。一個知道自己需求，有著良好自我價值的人，遇到不順遂時，當然也會感到苦悶、難過，可是他明白眼前的不順都是暫時的，只要擁有自己真正需要的，而且相信自己值得、也能做得到更好。

比方說，一個人明白自己安心穩定的狀態是需要有人關心並理解他，工作之餘，還能做自己想做的事。當他收入不高時，難免會感到煩惱，幸好還有家人的支持與關心，伴侶理解他、愛他，而且還可以保有自己想做的興趣，生活過得去，只要再努力一點，收入自然可以慢慢增加，所以他的生活安穩愉快。但，萬一那個人不清楚什麼是讓自己安心穩定的狀態，將別人的標準套在自己身上，誤以為要有很高的收入，家人才會尊重他，才會有人愛他，才會讓同學朋友羨慕他，這樣才是快樂的人生，一旦沒有很好的收入，他就陷入痛苦、自卑，無法接納自己。

想要自己的狀態是安穩與幸福，最基本的就是要「好好過日子」。

除了好好工作、好好吃飯、好好休息、好好玩樂，還有要讓自己感到活著是值得的，自己是被理解、被接納的。因此，請遠離喜歡與他人計較、比較的人，總是惡言相向、只會批評的人，以及只用金錢來衡量高低的人，一直與這樣的人相處，很容易會讓自己陷入不快樂的情緒。

拿出紙筆，寫下你真正需要的是什麼，思考能讓自己感到安心及穩定的條件是什麼，或許你就能找到知足常樂的方法。

知足常樂：一種不停告訴自己已經擁有很多，但其實你什麼都沒有的心態。

「擁有健康的身體和親近的親友，
再加上糟糕的記憶力，
我們就能過得很快樂了。」

生活不容易，還要面對其中許多令人鬱悶煩躁的狀況：枯燥乏味的代辦事項、忙碌緊湊的溝通會議、身邊太多豬隊友，都會讓自己的心情糟糕透頂。明知道要轉念、要改變心態，卻不知道在日常中該如何落實。

我想，就像身體可以訓練，而心態、快樂也一樣，都是可以練習的。不妨先從日常習慣開始做一些小小轉變，說不定人生就有機會得到巨大的改變。

追求美好愉快的生活，就跟學習技能或鍛練身體相同，是需要持續不斷練習的，然後熟能生巧。你不妨試著從以下的建議開始練習，讓快樂長駐在自己的生活裡。

▪如果要做的事情很多，告訴自己「三分鐘法則」

現在的社會步調飛快，總有許多待辦事項推著我們向前跑。之前我讀到心理學家的建議是，如果你覺得自己被工作、家庭或人際關係等種種事情不斷逼迫，而打亂了原有的生活節奏，這時別慌亂，先選擇你能夠在三分鐘內完成的事情，如此一來，事情就自動被排序了出來，有了順序，自然就再也不會混亂。

我們之所以會感到厭煩、想拖延，往往是後面還有更多繁雜的事情要做。不如先做簡單容易完成的，減少一些壓力的堆積，甚至得到一點點的成就感，心情自然會變好，之後做事效率也會慢慢提升。

▪不追求讓自己快樂

或許有人會認為這樣豈不違背追求快樂的目標嗎？然而，並不是的。正因為人生中有很多事情都是因為我們刻意去強求，反而得到反效果。比方說，你一直要求自己的成績要進入前幾名，而讓自己壓力太大，結果臨場表現失常。比方說，你想要改變內向不擅社交的個性，經常參加一些社交活動，卻因為本來就不熟諳人情世故，最後讓自己陷入更大的挫折。

我們不是去追求快樂，而是要不停提醒自己：所有境遇產生的喜怒哀樂都是暫時的，傷心難免，挫折難免，但都會過去的，不要讓它們左右自己想要愉快與自在的心情。

■ **多與人見面互動**

不是要勉強自己去參與不熟悉的社交活動，而是讓自己多與家人、朋友聚聚，不只是用網路連結彼此。有研究指出，透過面對面的相處與互動，經常與親友在一起的人，快樂的情緒遠遠高於一個人獨處。

或許你不喜歡社交，但不必參加很多人的聚會，可以試著與相處起來比較輕鬆沒壓力的親友多見面，透過這樣一點點的改變就好。

■ **為他人付出**

付出，並不是失去，也不是吃虧。能幫助別人，對快樂與滿足感的提升，遠比你想像的還要多。我們可以透過幫助他人，證明自己有能力、善良、擁有愛，進而喜歡自己，獲得滿足感。有研究證實，人們把錢花在別人身上，比花在自己身上，更容易得到快樂。

不妨從現在開始，每天為別人做一點小事，例如幫忙提重物、請一杯咖啡鼓勵同事，或分擔家事，再觀察自己的心情有沒有因此而有了改變。

▪學習感謝

我現在每天早晨都會做冥想。冥想時，除了在過程中盡量淨空思緒，在接近結束之前，讓自己回想前一天的過程，感謝昨天的人事物。比方說，工作上表現很好的同事、載我安全上班的公車司機，和陪我一起吃飯的親友。光是這樣，就能讓自己更容易快樂。

或許有人覺得很蠢？但，能夠時時感到快樂的人，往往是因為他們心懷感恩。請你也試著練習感謝，可以幫助你感受擁有的可貴，珍惜身邊所發生的美好。

▪分配時間給自己

無論生活再忙碌，都要保留時間給自己。人的快樂，往往是來自於做自己想做的事，或是做對自己身心有益的事。每天至少留三十分鐘給自己，這個時刻不為別人做任何事，只為你自己，不管是要用來運動、畫畫、讀書或是發呆，全都可以。擁有自己的時間，心才有自在的空間。

要相信快樂是可以練習的，以上幾點是我認為讓自己更容易感到快樂的日常提醒，也許你未必能完全認同或理解。事實上，每個人都有適合自己感受快樂的方法，在生活中多嘗試，你一定也可以找到自己的快樂。

練習：就是反覆習作。大部分的人會覺得枯燥、疲累，所以難以持續，但無法成功、抱怨人生的也是這樣的人。

「生命的價值並不在於長短，
而是看我們如何運用它。
有些人的生命不長，
可是他所留下來的價值
卻能長存永久。」

二〇二〇年真的難過，除了全球肆虐的新型肺炎，還有許多人離世，前陣子在午餐時間與同事們有意無意地聊到，以前不覺得死亡是一件離自己很近的事情，理所當然地想著明天的工作行程、晚上要跟誰吃飯、假日要去哪裡玩，或是明年打算做什麼。雖然對現況不盡滿意，卻也還抱持著對未來有一些想像的心思在生活著。

沒想到，死亡離我們並沒有想像中那麼遙遠，甚至是近在眼前的距離而已。不只是螢光幕裡那些熟悉的明星，同事也好、朋友也好、親人也好，隨時都會出現那一天，必須面臨道別的那一天。不只是單純的說再見，而是某個人的生活切切實實地從此停止了，一個人就這樣消失不見。

想起樹木希林在某次訪談中聊起死亡，她說：「對於死，我是更為謙卑的。就算是措手不及，就算是不忍卒睹，那也沒關係，我只希望孩子們能夠理解、接受。」

在死亡面前，我們顯得如此無力與渺小，想起來有點感傷，也只能試著去理解、去接受，不論是生，不論是死，發生過的事情，已經發生了，我們唯一能夠做的，就是在出生與死亡之間的過程裡好好體會、好好享受那段時光。生命的價值並不在於長短，而是看我們如何運用它。許多人的生命並不長，可是他所留下來的價值卻能長存永久。

當生命的光輝燃燒殆盡，死亡也並非全然的黑暗，離開的人總會留下一點餘光，引領向未來前進的人們。

對於死亡這件事，我們是永遠無法習慣的，也無法迴避的。其實，死亡對於亡者來說未必是不幸，說不定是一種解脫，但傷痛往往是由在世者所承受，可能是走不出至親離世的悲痛，也許是要面對兔死狗烹的悽涼，所以樹木希林才會希望他的家人們能夠好好理解與接受吧？

既然死亡一直在身旁，也只能盡量試著轉念，與離去的人好好道別，進而接受他的離去。我們可以這樣想吧，**已經不再存在的人，他的痛苦也跟著不存在了，他的人生並沒有消失，而是寄託在我們的記憶裡繼續生活著。**

尊重死亡，才能好好熱愛生命，且走且珍惜，提醒自己別把眼前的一切視為理所當然，活著時所經歷的一切都是不斷前進的過程，過去了就過去了，再也回不來，珍惜當下是我們能夠為那些不可逆的離別所做到的最佳計畫。

道別：一種大家都不想要做、卻往往不得不去做的事。

「很多時候，
你需要的是讓自己放鬆一點，
讓喧鬧躁動的心安定下來。
在你變強之前，
偶爾逃離，偶爾試探，偶爾忐忑，
那都是正常的。」

前陣子偶爾聽到有人在感慨，說現在的世界變化又大又急促，一不留意，就會被資訊的洪流給淹沒，轉眼間就會被意想不到的巨變給擊倒。文明持續進步著，人們對於美好生活的定義越來越高，過去的正常生活在現今卻成了悲慘的生活，當代社會的各種鬱悶就是這樣造成的吧？

我希望你提醒自己不要鬱悶，即使這世界變動如此之大，你始終那麼好，你的好並沒有變，就算偶爾會被無常擊倒，也要記得你始終那麼好。

這世界變動很快，快到你沒時間再委屈自己，也沒時間再討厭自己，只要把握住眼前自己能把握的事物就好，別為已經發生的事情難過太久，也別為還沒發生的事情一直擔心，那都是多餘的，想辦法活在當下才是最重要的。要先懂得活在當下，才會有之後的來日方長。我們可以緬懷過往，但不能裹足不前，人生可以一時失意，但不要一直失志。

一時的挫折打擊並不是世界末日，只是提醒我們是時候該轉彎了。有些該變的，比方說順應時代的做法，比方說挫敗時的萎靡不振；有些不該變的，比方說寬大的胸懷，比方說犯錯後的自省。我們都有不同的優缺點，很可能那一點既是優點也是缺點，例如，我明白自己太固執，不過，有時對某些事情的堅持也幫助了自己。每件事都有著不同面向，端看你如何看待、該怎麼運用。

有人會自責，覺得自己太軟弱，太輕易就認輸，不過，人生本來就不可能事事順利，我們也不是十項全能，更別說意料之外的變故任誰都無法做好準備。你不需要這麼強大呀。很多時候，你需要的是讓自己放鬆一點，讓喧鬧躁動的心安定下來。在你變強之前，偶爾逃離，偶爾試探，偶爾忐忑，那都是正常的。

勇敢並不是輕率莽撞，面對挑戰與變故時，我們更不該不自量力，要有自知之明，知道自己還不夠好，也明白自己會害怕，讓自己調整、進步，再重振旗鼓。**即使你面向陽光，陰影未必會消失，只是在背後，你要選擇視而不見，持續前進。**

那些挫折將會成為我們生命的一部分，慢慢成為心智的養分；或許在挫折中有什麼消失了，但也一定有什麼出現了，只是你暫時還沒能力發現。沒關係的，有一天，現在的惋惜，在日後會變成多餘。在不可抗力的變化之中，看見自己的心性與脾氣，明白自己有一天能夠在傷心、不甘與不安之後，若無其事地活在當下、面對未來，同時懂得保持從容，對那些不如己意也保持寬容。

累了就好好休息，過去了就別再回想，接下來的旅程還有更多值得珍藏的人事物。願你成為自己想像中的模樣，如果還沒有，也願你在每段努力的過程中發現自己已經非常耀眼。

逃跑：很多人覺得丟臉的行為。但，最後過得好的，都是懂得適時這麼做的人。

「用物質填補心靈的空洞，
是永遠填補不滿的。
心靈的洞，
終究要靠思維與知識去豐富。
有時，『多』未必是好，
理解怎麼『少』才是自在。」

聽朋友說，他有個親戚經營貿易事業，經常出國遊玩，但因為疫情正在全球蔓延，各國封鎖邊境，現在不只哪裡都去不了，連生意也大受影響。親戚去他家裡作客時不停抱怨，不能出國到處走走，生活過得鬱悶，都快要讓人悶出病來了。

朋友說的事，讓我想起哲學家愛比克泰德（Epictetus）的名言：「我們不是被發生的事情所苦，而是被自己對事情的看法所苦」

我們的情緒不只容易被突如其來的變卦所影響，也易於被生活中的一點小問題所牽動，然而，那些鬱悶、煩躁與痛苦，絕大部分都源自於自身的價值觀與思考方式。**那些自以為引起我們負面情緒的事因，往往只是導火線，而真正的引爆點則是自己的心態。**假如能將一直看著不能去做的事的遺憾，轉換成去做現在能夠做的事、體驗以前沒時間去做的事的動力，或許朋友那位親戚的心情就會有所改變了。

我們常把多餘的東西塞在心裡，讓自己悶悶不樂，其實很多都不該留著，應該毫無顧忌地丟掉。杯子裡裝滿了茶，就裝不了酒，許多事物都是主觀的，比方說我們常聽的半杯水理論，有人看到覺得怎麼只剩半杯水，也有人看到慶幸還有半杯水，端看自身的觀念是怎麼看待一件事。有容乃大，生活自然就容易自在愉快。

日本一代茶聖千利休所提出的茶道精神「和敬清寂」，我覺得也可以套用在生活處事態度上。「和敬」指主客之間互相尊重以及人與茶室環境之間的和諧；「清」指身心的清潔無雜念；「寂」則是禪道的追求，指閒寂枯淡之意。而「清寂」也是千利休的美學意識，乾淨、簡潔、單純、沉澱、平靜與內省，並欣賞質樸與缺陷之美。

千利休的茶道總是緩慢的、優雅的，即使情勢危急，他卻刻意放慢，讓品茶之人慢慢感受沖一杯茶的時間，品味平和沈靜，領悟活在當下的感受。現代社會步調快速，我們慣於匆忙生活，無論做什麼事情，甚至外出遊玩也沒有心思細細品味當下的美好，其實，**生活之美一直存在我們身邊，圓的缺的、深的淺的、滿的空的，都是不同的生活情調，在於我們有沒有發現，進而去感**

受片刻的美好。樸實與乾淨的美，並不只是空間與環境，也在於不會輕易引起波瀾的心。

要改變不開心的生活，除了自己的心態上要學習調整，也要盡量減少會影響自己情緒與想法的壞因子，遠離那些愛抱怨的人，遠離自私且不在意你的人，遠離墨守成規而不願改善的人，這三種人對你的生活不只沒有益處，往往更是令你困擾、煩悶與難過的根源，不如保持距離，讓自己的生活單純些。同樣地，我們也要提醒自己別成為那樣的人，即使遇到不如己意的事，也要試著用不同角度去看待，別讓負面情緒影響太久，不只影響了別人，也是在懲罰自己。

過去的我們一直努力追求「得到」，等到了另一個階段後，就要開始學習「捨去」的藝術。物質生活很重要，但是用物質去填補心靈的空洞，是永遠填補不滿的。心靈的洞，終究要靠思維與知識去豐富。有時，「多」未必是好，理解怎麼「少」才是自在。

半杯水：其實就是有水在杯子裡，別想那麼多，要喝、不要喝都可以。

「只要不和自己過不去，
那些不好的事情自然會過去。」

你早上出門忘了帶手機，趕緊上樓回家拿。拿了手機走到公車站，卻看見自己要搭的公車揚長而去，明明每一班的班距不會等太久，但這次卻等了好一會兒才搭到公車，果然抵達公司早已遲到。開始工作後，另一個部門的主管，因為不滿意某專案的分工，便打了電話過來，而你的主管不在座位上，於是代接了電話，便莫名其妙被對方兇了一頓。心情還沒平復，老闆又丟了一個麻煩又瑣碎的事情要你處理，還有一長串的客戶名單要確認是否出席活動。你覺得自己諸事不順，情緒因而氣憤、煩躁。

上述那樣的上班日常，應該是你我常有的狀況，心情難免為此受到影響。若是讓自己長時間處在不開心的狀態，不只於事無補，還會讓生活滿是怨懟，要如何讓自己活得更好？人生最重要的課題，就是如何調整自己的心情。因此，**請不時提醒自己，若遇到影響心情的事，要記得轉念，千萬不要因為一點點的無聊事而推翻了重要的人生。**

現在的我會讓自己盡可能用「感謝」「還好」的心態來面對。比方說，出門忘了帶手機回去拿之後卻沒有趕上公車，事後我會告訴自己：「還好有先想起來沒帶到手機，若是上了公車後才發現，那才更麻煩呢！」。比方說，被人莫名其妙兇了一頓，事後我會告訴自己：「沒關係，還好接了這通電話，讓我明白他在意的是什麼，下次與他共事就可以避免了」。比方說，老闆交辦一件麻煩又瑣碎的工作，事後我會告訴自己：「這麼麻煩又討厭的事情我都可以完成，那麼，之後應該可以處理更難的事吧」。

只要不和自己過不去，那些不好的事情自然會過去。

大部分的人習慣讓自己執著在不好的點上打轉，像是有一百個人稱讚你，難免會冒出一、兩個人來批評。明明有那麼多人認同你，你卻只記得那個批評你的人。同樣的，生活過得平順愜意，任何小事都不會在意，可是，突然冒出一件不如己意的事，就像被小針刺了一下，怎麼都覺得不舒爽。

你對早上趕不上公車感到不開心，那你有沒有記得感謝之前好幾次在公車關門離站前趕上的時候。你對被主管莫名其妙兇了一頓感到生氣，那你有沒有記得感謝他偶爾會自掏腰包訂飲料下午茶請大家喝的時候。你對老闆丟工作感到厭煩，那你有沒有感謝他之前請同事幫忙分擔你手上的工作。

我們大部分的煩惱都是來自人，希望被人喜歡、被人接受，但讓自己煩惱最多最久的還是自己。**不完美、不順遂的事情一定會存在，反正也不可能被所有人喜歡，那就試著接受別人的不完美。**我們不可能事事正確，不如寬容別人偶爾的錯誤。雖然無法讓你時時感到開心，但至少可以慢慢放開心。

有時，情緒上的不開心多半是來自於把很多事情視為理所當然，因此，只要一不順心，情緒就會上來。生活的一切都得來不易，若能用「感謝」充盈日常的細節，將能沖淡那些不快。當你可以用另一個視角來看待那些煩躁時，我相信你一定比大部分的人要快樂很多很多。

願你從今開始懂得轉念，放過自己，讓生活步調不再被他人拖著走。

感謝：因為受惠而做的事。如果常做，表示你經常受到恩惠，而且擁有謙和、寬廣的心胸。

「所謂的大人，
就是可以為了在乎的人事物，
而去接受那些難受的一切。
人生重大的課題之一，
不是勇往直前的衝勁，
而是怎麼順應情勢調整自己。」

老天有時愛捉弄人，當我們活得越是努力，災厄卻偏偏扯得越大力。努力過著一天又一天，卻被絕望推了一次又一次。或許是考驗吧，像是想看看我們有多少能耐。遇上挫折我盡量不去抱怨，並不是看開，而是把所剩不多的心力留給日後的挑戰。**生命有太多的突如其來，我們無法預防也無從練習。沒關係，遇到了，就是好好度過，苦過才更能定義甘甜。**

人生總有束手無策的時候。在狂風巨浪之下，也只能咬著牙忍耐，等待豁然開朗的那一天。陽光總會出現的，在那之前好好的照顧自己，讓灰心少一點，努力讓自己撐過去。靜心等待天亮，韌性是我們最寶貴的力量。

我明白你現在懷抱著無處可說的悲傷，或是發現好不容易構建起的世界被狠狠地摧毀，是的，日子就是這樣，偶而柔順到令你貪戀，但發狠起來也是殺得你措手不及，更別說這個變化多端的世界了。面對多變的環境，除了要懂得應變，還要學著不變，變動的是適應情勢的新做法、新思想，不變的是自己信仰的價值與道德。只要懷抱著自己歸屬並堅定的信念，終有一天能從日常的重擔裡解放。

還是會出現不得不停滯的時候，但這也是個不錯的機會，讓自己好好沉澱、好好思考，為往後能再前進時做好準備。我們無法在任何狀態下都能揮灑自如，試著把所有的變化都當成一種練習。記得，一個人的生活如何，要看他是怎麼對待自己的。所謂的大人，就是可以為了在乎的人事物，而去接受那些難受的一切。不是每場雨都能等到放晴，萬一躲不了雨，那就習慣全身濕透的自己。**試著讓自己順應改變，無法預防所有的突然，至少可以對那些力不能及釋然。**

人生重大的課題之一，不是勇往直前的衝勁，而是怎麼順應情勢調整自己。順應情勢才能扭轉情勢，能夠帶來改變的，未必是取決於擁有多少勇氣，而是身段能放下多少。

轉念，不是強迫自己凡事都要以正向的心態去看待，而是要理解自己在挫折與打擊下會出現負面的想法都是理所當然，也才能提醒自己該排解那些於事無補的情緒，然後重新調整看待事情的角度。想要過得餘裕自在，反而要先接受一定會出現的不順遂，低潮難免，卡關難免，所以鬱悶也難免，可是一切都會過去的，如同原本的美好不見了，那些不美好也會有消失的一天，在那之前我們要照顧好自己，順勢而為，把握沉澱與練習的機會，待日後回想時，才不會再感到可惜。

順應：因適應變化而採取的對策。例如，有人突然討厭你，弄清楚他討厭的原因，然後變得讓他更討厭，氣死他。

「歲月未必只催人老，
它也會讓我們慢慢累積，
然後堆疊出更適合的自己。」

回想過去的自己，真的會發現人到了一個年紀後，思考邏輯與價值觀會漸漸改變。

二十歲時，眼前任何事物都是新鮮可期的，享受當下，肯吃苦也敢玩樂，不想過著循規蹈矩、跟別人一樣的生活，但「自己真正想要什麼」卻是個不時會冒出來的迷惘問題。

三十歲時的我，還是一無所有地來到這個關卡，開始後悔小時候不認真讀書，為何不早些年妥善規劃財務，工作一個換一個，也不好好思考未來，看著同輩隨著時間所累積出來的成就，自己則什麼都沒有。感覺還活得亂七八糟，卻也不知不覺邁入中年，好像還沒爬上坡就要開始走下坡。那時才驚覺自己過去的逃避與不努力，認真思考自己的人生路，不再揮霍度日，在工作領域慢慢累積，然後開始嘗試寫作。寫作對我最大的好處，就是讓自己回想過去與現在的種種經驗與關係，試著與自己好好對話。

到了四十歲之後，當然還是對未來的人生之路迷惘，不過，已經認真思考過人生的下半場，也準備好該怎麼走之後的下坡路。說真的，我從來就不是個熱中賺錢的人，過去對於理財這件事也完全沒有興趣，並不是自命清高，覺得談錢很庸俗，只是「錢」在我心中排名不在首位，但它絕對在生活中不可或缺，不過，以前的自己更加信奉即時行樂的理念。這陣子大概是體認到已經四十好幾了，即使要享受當下，也要替老後打算，為了別讓自己將來成為一無所有的老人，最近臨時抱佛腳，努力的做好理財規劃，但願還來得及。

除了工作，也慢慢開始注重起健康。健康，不只是身體上的，心理上的也很重要。除了規律的作息與運動，改變飲食習慣，盡量不造成身體過多負擔，心態上也要懂得轉變，多閱讀，要懂得看淡，懂得放下，懂得知足，更要懂得與自己好好相處。

我們都一樣，這一路上做了很多選擇，然後背負了很多悔恨與遺憾。你可能盤點出一堆徒勞無功的事，但那些選擇本身就是一種解答，也許成不了自己心中最好的人，卻讓我們成為最適合現況的自己。即使有重新再來的機會，身上的悔恨與遺憾也不會變得比較少。希望你別像我這麼晚才懂，不過，無論何時自己都會嫌晚的吧？

該如何面對人生的下半場、下坡路？

我想，去學習一技之長吧，比方說考咖啡師，或是木工，或是園藝，也許應該更早去學的，也一定有人會說年紀這麼老了才想要去學，會不會太晚了？可是，不管我有沒有去學些什麼，年紀還是會持續變老呀，既然如此，不如就去嘗試看看，萬一學不來或發現沒興趣，對現在的自己也沒什麼損失，反正都會變老的。

學習一技之長，除了替往後人生培養出一點興趣，也是在為自己培養轉換道路的能力。畢竟隨著科技的進步，現今產業轉變的速度比起上個世代要快上很多很多，萬一我們跟不上時代的步伐，至少要有讓自己緩衝走下坡路的基本能力。而且學習技能，即使不依賴它謀生，但仍能從中領悟到不同的觀念與經驗，而且在將來說不定有派上用場的機會。

接下來的人生，體力一定只會越來越差，不過，至少試著讓自己的思想或技能越來越好，讓心態足以彌補體力衰退所造成的影響。從現在開始，願我們都能替人生下半場做足準備。歲月未必只會催人老，它會讓我們慢慢累積，然後堆疊出更適合的自己。

下坡路：很多人覺得不好，其實走起來比較輕鬆，還可以幫助加速，替下一次的上坡提供更大的動力。

「不再執著是非黑白，
認清有些事就是會有模糊地帶，
不能只看表面的對錯，
讓心的空間變大，
才有餘裕看待生活。」

年輕時，你追求熱血與夢想，覺得那些兩眼無神、安於現狀的人都是在浪費人生。等到進入社會、進入職場後，漸漸發覺那些追求只會讓人精疲力盡，身上的擔子越來越重，周遭的鳥事越來越多，再滾燙的熱血也終將冷卻，再綺麗的美夢也會清醒，真正需要的，其實是淡然與釋然。生活不容易，我們先求心情好，日子才能過得好。

雖然只求淡然，但，很多時候卻是別人給予的負面情緒激發了我們成長的動力，比方說無視，比方說嘲笑，比方說暗箭傷人。**朋友會陪伴你成長，不過真正讓你成長的，往往是那些輕視你、酸言酸語的人。愛是溫柔的力量，可以讓我們越來越好，憤恨卻是爆發的力量，會產生強大的威力推動我們改變。**面對那些對你有惡意的人，讓自己變得更強才是最有用的反抗；對於那些善待你的人，讓自己變得更好就是最適切的回應。

每個人都會在經歷一段動盪後，才會懂得柔軟，也開始學習面對問題，然後放下所有的驕傲與固執。**暫時蹲低不是認輸，是再次跳高前的準備。得到的不一定就值得慶幸，失去的也不完全是壞事。**遭受挫折當然會痛苦，何不試著擁抱挫折，讓它成為自己飛高的動力，當你飛高了，不僅甩掉那些糟糕的小人，也提升了自己的層次。

有時，身邊的人犯了錯，傷害了你，如果沒讓你元氣大傷到難以恢復，與其想著討回公道，不如試著寬容對待。我常說：「凡事不要氣太久，我們還有別的事要氣。」聽起來有些無奈，怎麼會有那麼多事情可以影響我們的心情，不過，這些糟糕事大多是自己無法掌控的，如果要為每件事不開心，日子只會越過越痛苦。

懂得對人寬容，也是對自己寬容，等於獲得一次重新整理的機會。人都會犯錯的，展現寬容並非要顯得我們大氣，而是希望讓自己過得更從容自在。看待眼前的人事物，不再執著是非黑白，認清有些事就是會有模糊地帶，不能只看表面的對錯，讓心的空間變大，才有餘裕看待生活。

不會有永遠無風無雨的平靜之海，有喜有樂有悲有痛才叫做人生，一片沒有風暴的海洋，那不是海，是一灘死水。要試著讓自己接受人生的無常，再壞的事到了一個程度就會好轉，因為好壞都有極限。堅持了，等待了，就會明白生命中許多狀態是走著走著就過去了。遇見願意善待你的人，記得要好好珍惜並回報；遇見惡意對待你的人，就將那些對自己的打擊轉換為成長的動力，把錯誤與悔恨好好記得，拭去淚水後慢慢向前行，前方有更好的地方等著你。

寬容：有些人對自己做得很好，對別人卻做不到。比方說，老公自己常換新款手機，卻對久久買一次新包包的老婆生氣。

我們都希望平常就好，但生活總會出現無常。所以我們要有本事把無常活成日常。

即使再燦爛的陽光，也會有照耀不到的陰暗。
我們總有力有未逮的地方，勉強不來。

只有很少很少的人打從一開始就有明確的方向，
大部分的人都是走著走著，越往前越清楚方向。

我們總是花時間看著自己的小缺點，覺得沮喪，感到自卑，實際上根本沒有想像中那麼差，一定有著自己沒發現的可愛之處，也不斷地讓自己越來越好，所以何苦庸人自擾，要盡量樂天安命，接受自己現在的模樣。我們已經很棒了，慢慢進步，不去比較，能睡好覺，這才是最重要的生活目標。

旅行的目的是為了放鬆、開心與犒賞自己。盡量讓自己享受這趟旅程，縱使過程有點不如預期或跟旅伴有點小磨擦，請試著轉換心態，別失去了旅行最重要的意義。

愛讓我們自套濾鏡，一切都是美麗，眼前的世界只有他。

這世上，應該沒有人可以對另一個人的傷痛或辛苦真正感同身受。
堅強和自信都是給別人看的，心裡的寂寞或悲傷只有自己明白。好好照顧自己的心。

自信，不代表不會受傷。開朗，不代表不會生氣。樂觀，也不代表不會害怕。我們習慣以自己的角度去看待別人，忘了有些事對任何人都一樣，而有些事對每個人都不一樣。

但願你能盡力，然後也要盡興，人生嘛，能吃就吃，能玩就玩，還能做就好好做。我們要把日子過得好，把自己照顧好，最好就像五月天《好好》的歌詞：好到遺憾無法打擾。

即使世界冷酷，我依然溫暖，即使有人不在乎我，我還是會好好在乎自己。

金錢很重要。但當你有一定的財富後，金錢能帶給你的滿足會越來越少，找到自己真正喜歡且適合的生活方式，才會得到心靈的自在安穩。

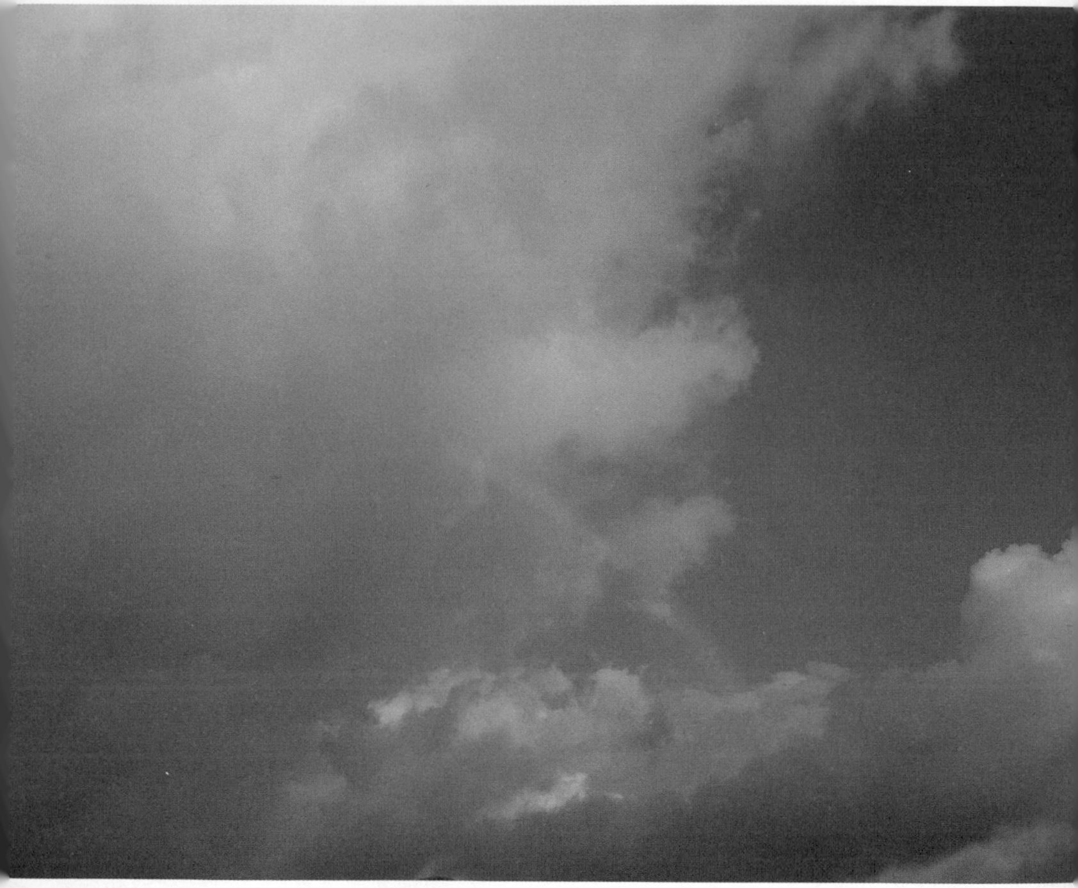

你是溫柔的雲，願意讓風決定自己的方向，替大地遮擋炙烈的陽光。
但，往往沒了自己。你的好記得也要留給自己。

放棄，未必就是半途而廢，
有時只是你選擇了善待自己，
只是不想再讓糟糕的人糟蹋了自己的心意，
不願再讓無解的事毀壞了自己的生活。

後記

曾經有人問我：「你寫的那些文字看起來都很有道理，不過，道理人人會寫，又有多少人真正會去實踐？」

任誰都有自己的價值觀，包括我也是。但，我不會將自己的價值觀強加在別人身上，這是對他人思想與言論的尊重，這個世界並非只能遵守某些規則才能運轉，一個人也不會只能順從某些觀念才能生存，我們憑什麼規範他人的價值觀？

我寫的文字都是自己所信仰的、所認同的人生價值，有些是自己一路走來的歷練所形成的，有些是我正在實踐的處事觀念，有些則是期許自己要學習並努力的方向與目標。

這本書的內容是為了鼓勵願意相信自己、願意繼續努力的人，是為了給予正處於低潮的人再爬起來的力量，是為了給予那些體會過世態炎涼的人一點溫暖。

這世界已經充斥太多負面的情緒與壓力，我們應該給自己更多正面的觀念與能量。環境通常不會讓你稱心如意，我們只能調整自己看世界的心態。身處逆境之中已經夠討厭了，別讓自己再雪中加霜，而要試著從中自得其樂。生活未必能時時快樂，但至少要過得舒服自在。

最後，我想告訴你：「很多事情、很多道理，並不一定是做到了才能相信，而是你先相信了才會做到。」

只要好好過日子

【10萬典藏紀念版】

作　　者 | 阿　飛 a-fei

發 行 人 | 林隆奮 Frank Lin
社　　長 | 蘇國林 Green Su

出版團隊
總 編 輯 | 葉怡慧 Carol Yeh
企劃編輯 | 鄭世佳 Josephine Cheng
封面裝幀 | 許晉維 Hsu Jin Wei
版面構成 | 譚思敏 Emma Tan

行銷統籌
業務處長 | 吳宗庭 Tim Wu
業務主任 | 蘇倍生 Benson Su
業務專員 | 鍾依娟 Irina Chung
業務秘書 | 陳曉琪 Angel Chen、莊皓雯 Gia Chuang
行銷主任 | 朱韻淑 Vina Ju

發行公司 | 悅知文化　精誠資訊股份有限公司
105台北市松山區復興北路99號12樓
訂購專線 | (02) 2719-8811
訂購傳真 | (02) 2719-7980
專屬網址 | http://www.delightpress.com.tw
悅知客服 | cs@delightpress.com.tw
ISBN：978-986-510-120-6
建議售價 | 新台幣340元　二版一刷 | 2021年01月　九刷 | 2023年09月

國家圖書館出版品預行編目資料

只要好好過日子／阿飛a-Fei著. -- 二版.
-- 臺北市 : 精誠資訊, 2021.01
面；　公分
10萬典藏紀念版
ISBN 978-986-510-120-6 (平裝)
1.人生哲學 2.生活指導

191.9　109020204

建議分類 | 心理勵志

線上讀者問卷 TAKE OUR ONLINE READER SURVEY

只要好好過日子，
就能期待好日子。

——《只要好好過日子》

請拿出手機掃描以下QRcode或輸入以下網址，即可連結讀者問卷。
關於這本書的任何閱讀心得或建議，歡迎與我們分享 :)

http://bit.ly/37ra8f5